제작 · 연출 · 극본까지
교회 인형극의 모든것

교회인형극백과

차례

제1장 인형극과 인형제작 — 5
1. 서론 • 7 / 2. 인형극의 교육적 효과 • 9
3. 인형극의 사용범위 • 10 / 4. 손 인형의 제작 • 11
5. 막대인형 만드는 방법(대형) • 56/ 6. 소품 만들기 • 66
7. 탈인형 만들기 • 74 / 8. 인형틀 만들기 • 82
9. 인형극 배경 만들기 • 88

제2장 인형극본 제작법 — 93
1. 인형극본의 소재 선택 • 95 / 2. 인형극본의 분류 • 95
3. 인형극본 만들 때의 네 가지 명심할 일 • 97
4. 인형극본 만들 때의 주의사항 • 98

제3장 인형극의 연출방법 — 101
1. 성대묘사와 구연 • 103 / 2. 구연 • 104
3. 연출 전에 주의할 점 • 104
4. 인형극 연출시에 중요한 것 • 108
5. 인형극 연출 후 • 109

제4장 인형극을 통한 전도집회 운영 — 111
1. 광고 • 113 / 2. 전도 • 117 / 3. 결신 및 사후관리 • 117

제5장 인형극본의 실제 — 119
두통이의 마음 • 121 / 순이와 어머니 • 133
짱구의 믿음 • 149 / 철수의 회개 • 165
천국과 지옥 • 185

제 1 장
인형극과 인형제작

인형제작에 열심인 대만 위산신학원(玉山神學院) 학생들

1. 서론

　필자는 지교회의 담임 목사이자 어린이 인형극 전도자이자 청소년 전도 목사이다. 필자는 어린이들에게 인형극으로 복음 전하는 것을 늘 자랑스럽게 생각하고 있다. 그러나 한국 교회는 인형극 전도자를 전도 자로서가 아니고 직업인으로 인식하는 경우가 너무 많다.
　더우기 목사님들 중에서도 인형극을 바로 인식하는 분이 별로 없다. "인형극"하면 그저 애들이나 웃기고 즐겁게 해준 뒤 공연료나 받아 가는 정도의 세속적 관념에서 이해하고 있으며 또 많은 경우에서 인형 극 전도자들이 그와 같은 실수를 범한 것도 사실이다.
　필자는 인형극과 더불어 살아오면서 이 방법이 얼마나 어린이들에게 은혜를 끼치며 주 예수 그리스도를 알게 하는데 폭발적 효과를 거두는 가를 피부로 체험해 왔다. 심지어 외국에까지 가서도 그와 같은 역사 를 체험했고 학생 장년을 대상으로도 그와 같은 경험을 했다. 인형극 을 통해 울음 바다가 되며 회개하고 주님을 영접하는 전무후무한 역사 가 일어나는 것을 숱하게 보아 왔다. 물론 인형이나 내가 한 일은 아 니고 성령께서 하신 일이다. 그러나 인형이란 매개체와 "인형극"이란 전도 방법을 통해 하나님은 복음으로 복음되게 하신 것이다.
　그런데 한국교회는 인형극을 얕보고 있다. 그래서 안타까운 것이다. 다행히 오늘날 교사들 가운데 인형극에 대한 중요성을 깨닫고 열심히 배워 활용하는 경우가 늘어나고 있어 다소 위안이 된다.
　어린이는 인형극과 친숙하며 인형을 친구와 같이 생각한다. 그러기 에 어린이 전도에 인형극이 필요한 것이다.
　또한 전도자는 인형을 이용해 성경말씀과 복음을 효과적으로 전달할 수 있다. 이 얼마나 좋은 방법인가?
　앞으로도 한국교계에 더 많은 인형극 전도자들이 등장하여 많은 어 린이들에게 감명깊은 내용의 인형극을 보여줌으로서 많은 어린 영혼들을 그리스도께로 인도하여야 할 것이다.

　또한 인형극 선교는 우리보다 교육선교가 뒤진 일본, 대만, 중국, 동남아시아 등의 국외로 파급되어야 한다. 필자는 오래전부터 이 일을 위하여 기도하고 있고 많은 진척을 보고 있다. 최근 필자는 대만의 여러신학생들을 가르치고 귀국하였는데 그들이 받은 감동은 대단한 것이었다.

　특히 무신론적인 중국, 소련, 북한을 대상으로 하는 전도 가운데는 인형극을 통한 우회적 전도가 합리적이라고 생각한다.

　이제 인형극을 어떤 생계적 수단이나 직업적 목적으로 소유하는 시대를 뛰어 넘어 철저한 선교적 사명으로 생각하여 복음전도에 전력하여야 겠다.

　이제 이 글을 읽는 교사들은 남다른 사명감으로 인형극을 숙달시켜 대한민국 구석구석, 아니, 온 세계에 복음을 전하는 전도인이 되시길 바란다.

　또한 인형을 만드는데 필요한 모든 재료는 교회 교육선교회에 비치되어 있으니 언제고 찾아오시면 도움이 될 것이다.

☎ **765-8229**,

2. 인형극의 교육적 효과

인형극은 시청각 교육의 왕이라고 할 만큼 쇼킹하고 확실한 방법이다.

그 교육적 효과는 다음과 같다.

1) 인형극의 정서 교육.

인형극은 어린이들의 정서를 순화하는 효과가 있다. 어린이들이 인형극의 세계에 몰입한다는 것 자체가 어린이다와지는 것이라고 말할 수가 있다.

오늘날 T.V나 만화 영화는 어린이들의 정서를 너무나 해치고 있다. 어린이들이 어른 흉내를 내게 만들거나 폭력과 같은 악이 횡행하므로 오히려 어린이들의 정서에 해로운 경우가 허다하다. 인형극은 이런 면에서 어린이 정서함양에 도움이 될 수가 있다.

2) 신앙교육

인형극은 어린이들이 하나님을 이해하고 신앙의 요구를 알기 쉽게 가르쳐주는 신앙교육적 효과를 지니고 있다.

특히 어린이들이 죄를 회개하고 그리스도를 영접하게 하는데 결정적 효과를 낼 수 있는 것이 바로 인형극이며 여기서 인형극 인은 구원 초청자가 되고 전도자의 사명을 감당할 수가 있는 것이다.

3) 생활교육

인형극은 어린이들의 삐뚤어진 생활습관을 교정할 수 있는 효과를 지니고 있다. 거짓말, 욕심, 심술, 질투, 교만 등 어린이들이 버려야 할 것을 지적하여 버리게 하는데 인형극은 큰 공헌을 하곤 한다.

3. 인형극의 사용범위.

1) 교육및 전도집회를 위한 인형극.

이것은 일반적으로 통용되는 인형극집회 혹 인형극 시간을 말한다. 즉 특별순서로서 30분이상 특별한 내용의 이야기를 인형극으로 상연함으로서 전도적, 교육적 효과를 노리는 방법으로서 이미 많은 교회에서 교사들이 직접하거나 공연 혹은 특별강사를 초청하여 그러한 순서를 갖고 있다.

2) 광고에 활용하는 인형극

이는 교회에서 인형을 통해 광고하는 방법으로 어린이들의 시선 집중과 광고의 내용을 정확히 기억하게 하는 방법이다.

3) 전도에 활용하는 예

이것은 탈인형을 머리에 쓰고 동네를 다니며 아이들을 끌어오는 방법이다.

이 책중에 탈인형 만드는 법을 참조하여 만들면 될 것이다.

인형극에 도취되어 있는 어린이들

교회 인형극 백과 11

4. 손 인형의 제작

교회 인형극에서 가장 많이 쓰이는 인형은 손인형이다. 이 인형은 한 사람이 동일한 시간에 두개의 인형을 사용할 수 있는 까닭에 일인 인형극을 필요로 하는 교회인형극에 적합하다.

1) 손 인형의 제작법
 (준비물: 비닐장판, 철사, 풀, 신문지, 모조지, 벤찌, 페인트, 매직, 머리털용 헝겊, 본드 등)
 ① 장판비닐을 다음과 같이 자른다. (그림1-2)

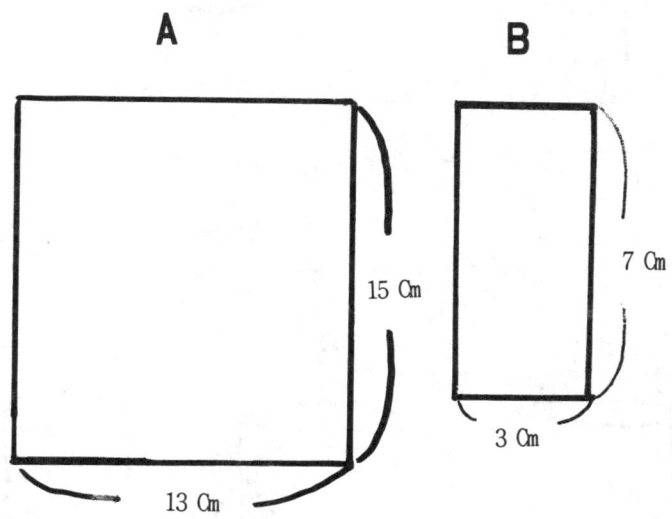

※ 장판비닐은 가까운 지물포에서 구하되 두꺼운 고급장판보다 값싸고 얇은 것이 더 적합하다.

② 두개의 장판비닐로 골무를 만든다.

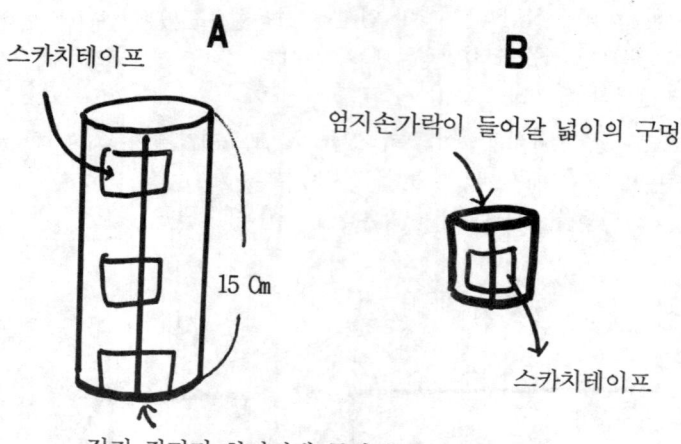

③ 큰 골무를 다음과 같이 가위로 7㎠정도를 잘라낸다.

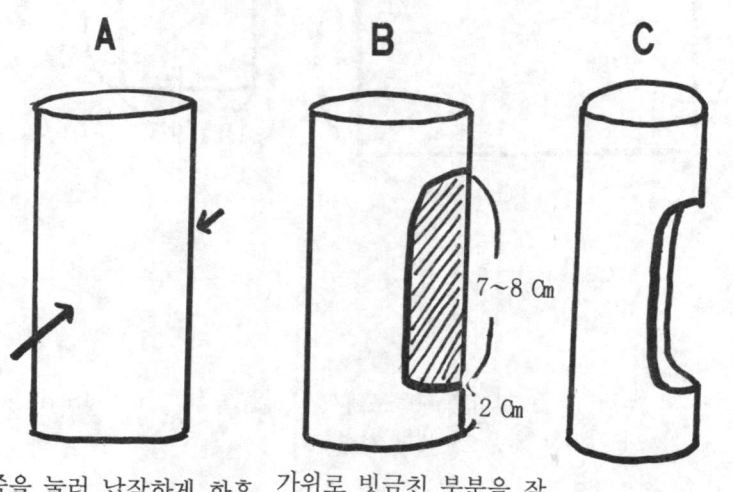

④ 작은 골무에 철사를 꼽는다. 그리고 7자로 구부린다.

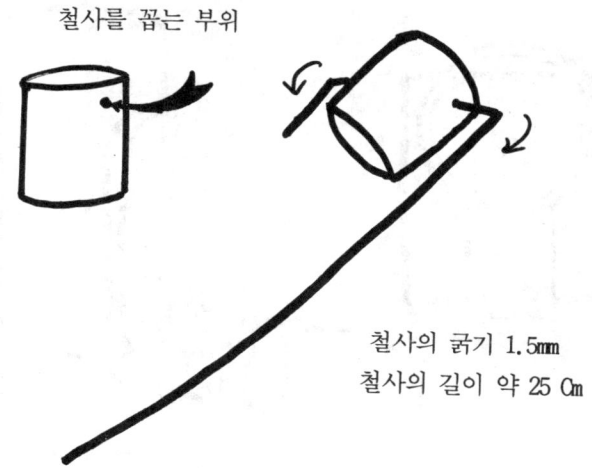

철사를 꼽는 부위

철사의 굵기 1.5mm
철사의 길이 약 25 ㎝

⑤ 철사의 다른 끝을 큰 골무의 다음 부위에 관통시킨다.

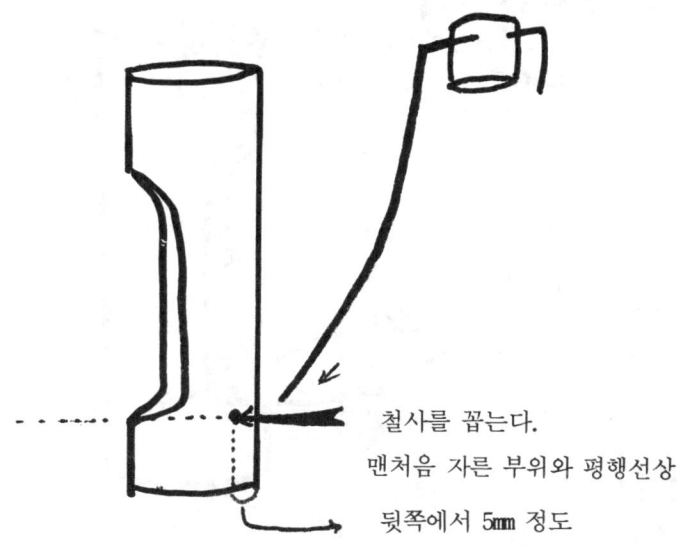

철사를 꼽는다.
맨처음 자른 부위와 평행선상
뒷쪽에서 5mm 정도

14 교회 인형극 백과

(위에서 본 모양)

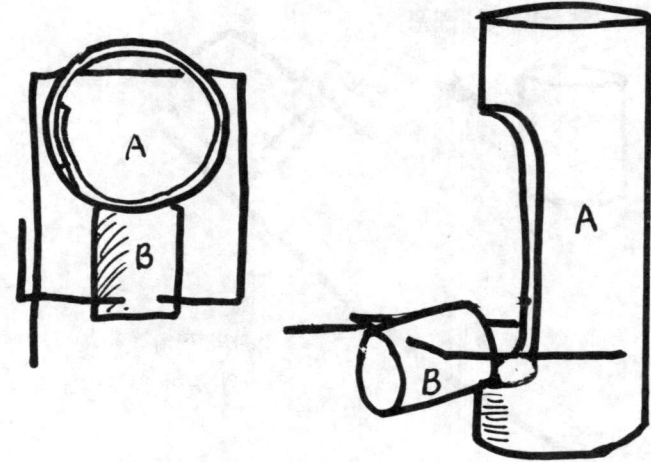

철사를 직사각형으로 구부린다.

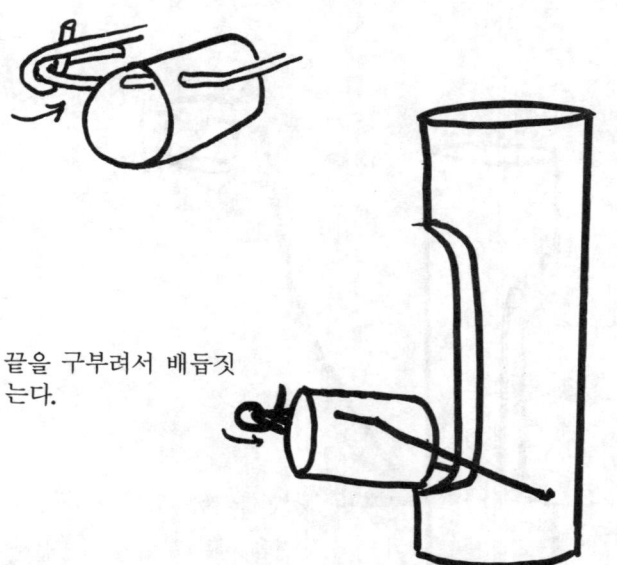

끝을 구부려서 매듭짓
는다.

⑥ 성공적인 작동 검지손가락을 넣어 입부분이 잘 움직여야 한다.

⑦ 신문지를 한장 길게 구겨서 인형 상단에 빙글빙글 돌린다.

종이에 풀을 붙여서 신문지를 감싸준다.

A (풀먹인 종이 뭉치를 목윗덜미 부분에 붙인다)

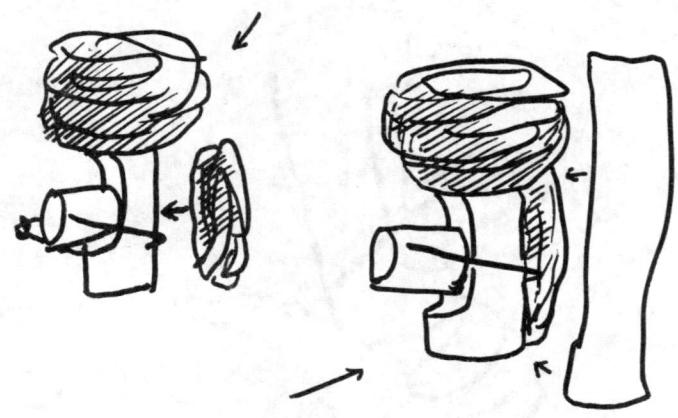

B (그리고 그 위에 풀바른 종이로 덮어준다)

C (풀먹인 종이를 납작하게 만들어 목을 감싸준다.)

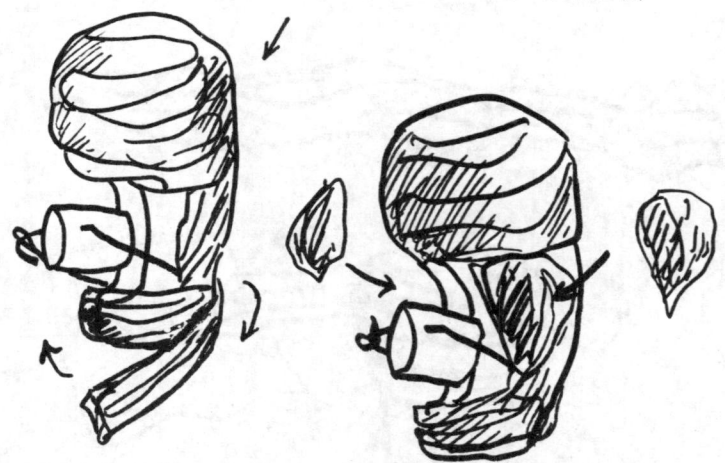

D (풀먹인 종이로 양쪽 볼의 패인 부분을 메꾸어 준다)

인형의 입부분 만들기

풀

종이를 (8절지 종이) 길게 구겨서 풀을 골고루 발라준다.

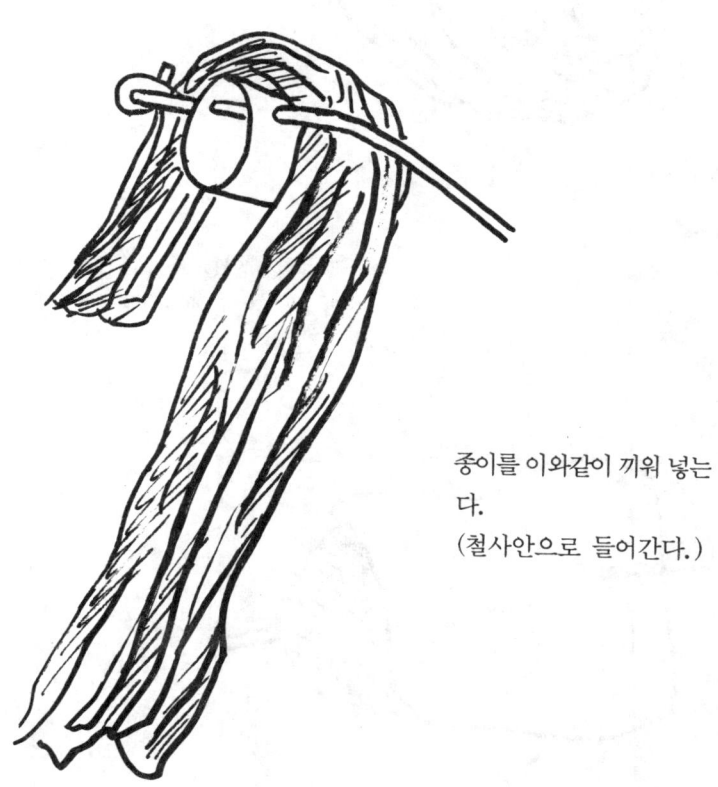

종이를 이와같이 끼워 넣는다.
(철사안으로 들어간다.)

그 다음 남은 부분을 신문지로 철사까지 둘둘 감는다.

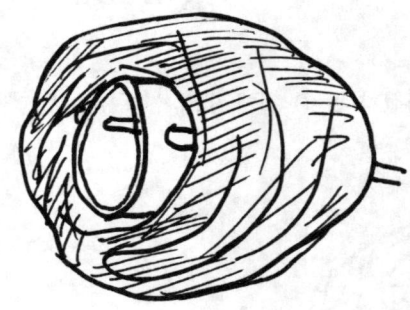

풀먹인 종이를 가지고 앞에 붙여 구멍이 보이지 않게 한다.

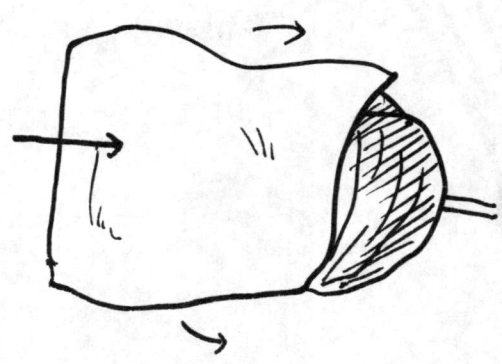

지금까지 완성된 모양

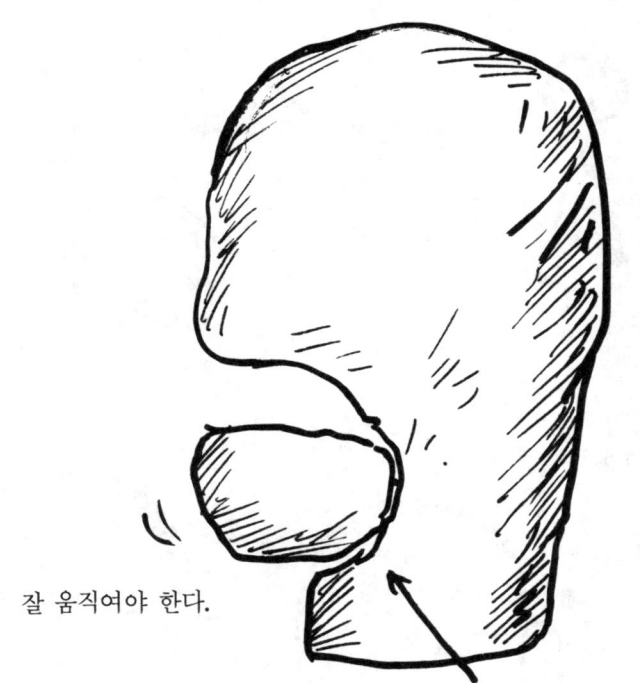

잘 움직여야 한다.

입과 얼굴 사이를 종이로 연결시키지 말것.

코 만들기

신문지를 풀에 묻혀 적당한 모양으로 만든다.

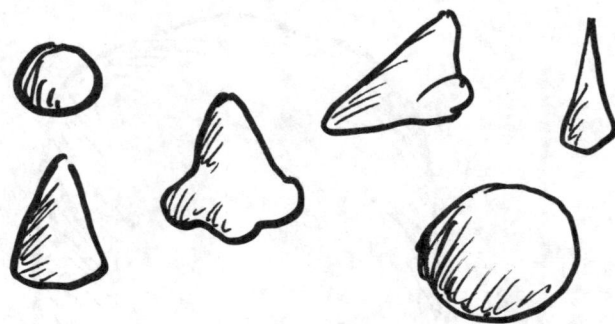

이쯤되는 부위에 대고 그위에 풀바른 종이를 덮는다.

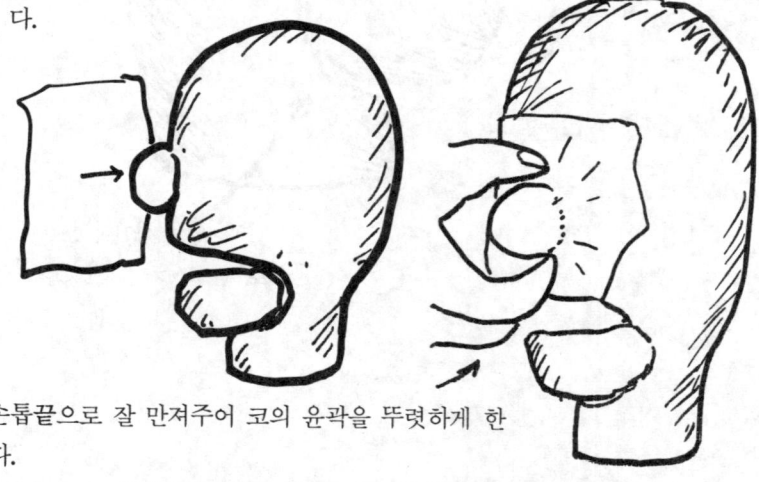

손톱끝으로 잘 만져주어 코의 윤곽을 뚜렷하게 한다.
그러나 그 위에 반복하여 여러번 종이를 붙여야 나중에 코가 떨어지는 일이 없다.

⑧ 얼굴 모양을 풀을 발라 만들어 나가며 모조지로 표면을 붙인다.

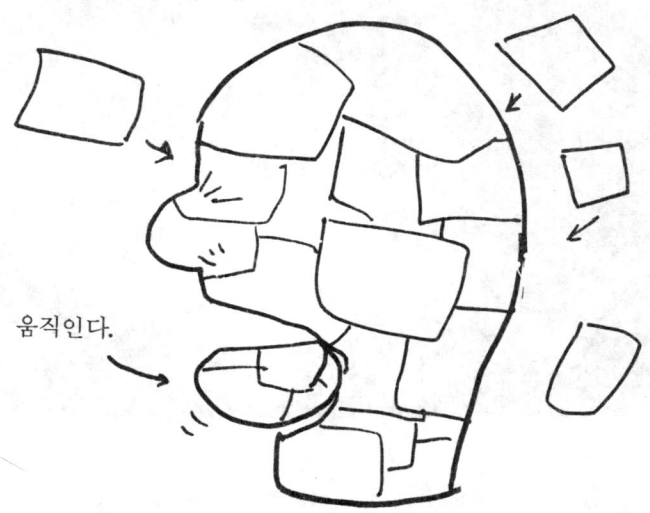

움직인다.

⑨ 모조지를 잘게 찢어 풀에 묻혀 고루 붙인다. 주름이 다 사라지고 풀먹인 종이가 최소한 4-5겹이 되었다고 생각할 때까지 붙여야 한다.

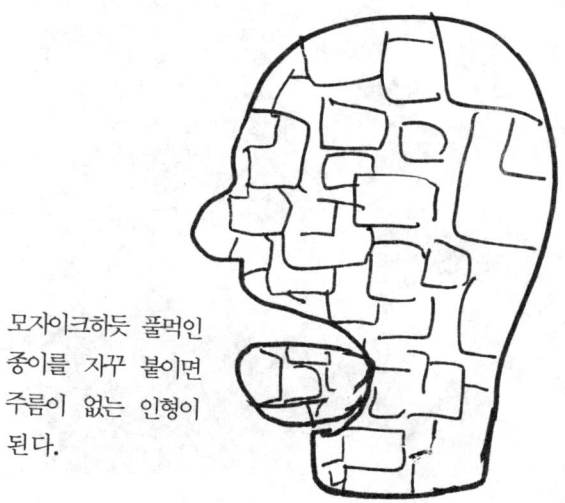

모자이크하듯 풀먹인 종이를 자꾸 붙이면 주름이 없는 인형이 된다.

⑩ 난로나 연탄불 곁에서 말린다. 여름엔 햇볕에 말려도 된다.

각종인형얼굴들

⑪ 크기를 다양하게 만들고 코나 얼굴 모양을 개성있게 만든다.

각종 얼굴모습

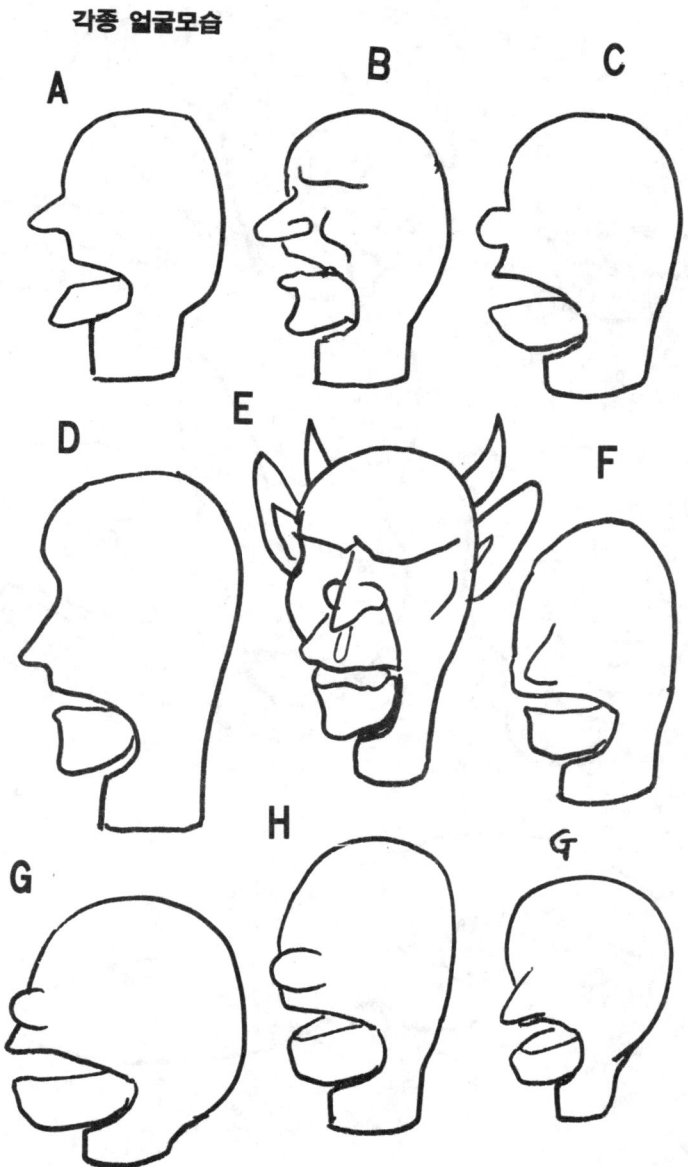

※각종 짐승 모형

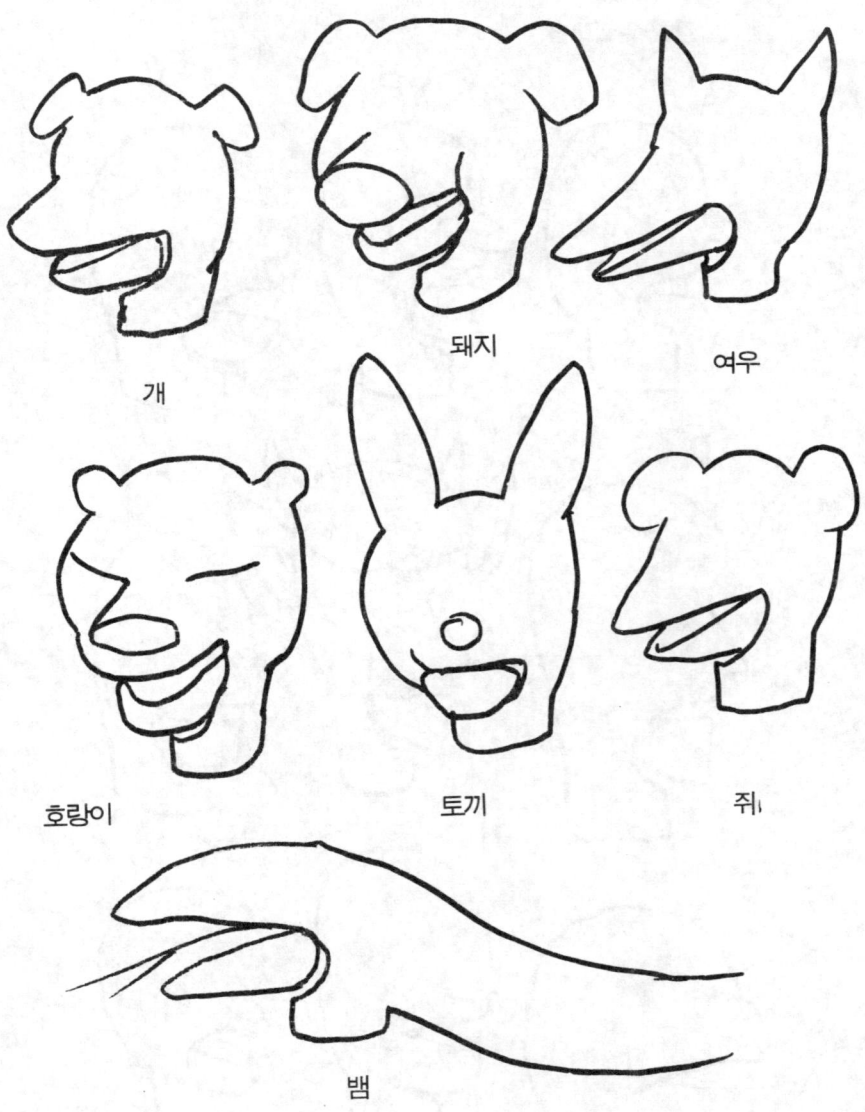

※ 색칠하기
1. 페인트로 칠하기(빨강 + 흰색)
2. 수성페인트로 칠하기(수성페인트 + 빨강색소)
3. 그림물감으로 색칠하고 그리기(포스타 칼라)

　2,3번은 마르는 데 시간을 단축할 수 있으나 마른 후에 투명락카를 뿌려주어야 한다. (페인트집에 가면 구입할 수 있다)

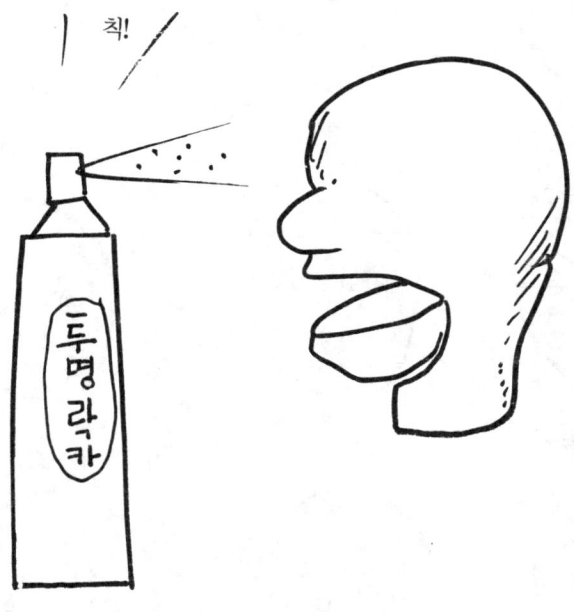

2) 인형 얼굴 그리기

　　1. 인형얼굴은 매직으로 굵게 그린다.

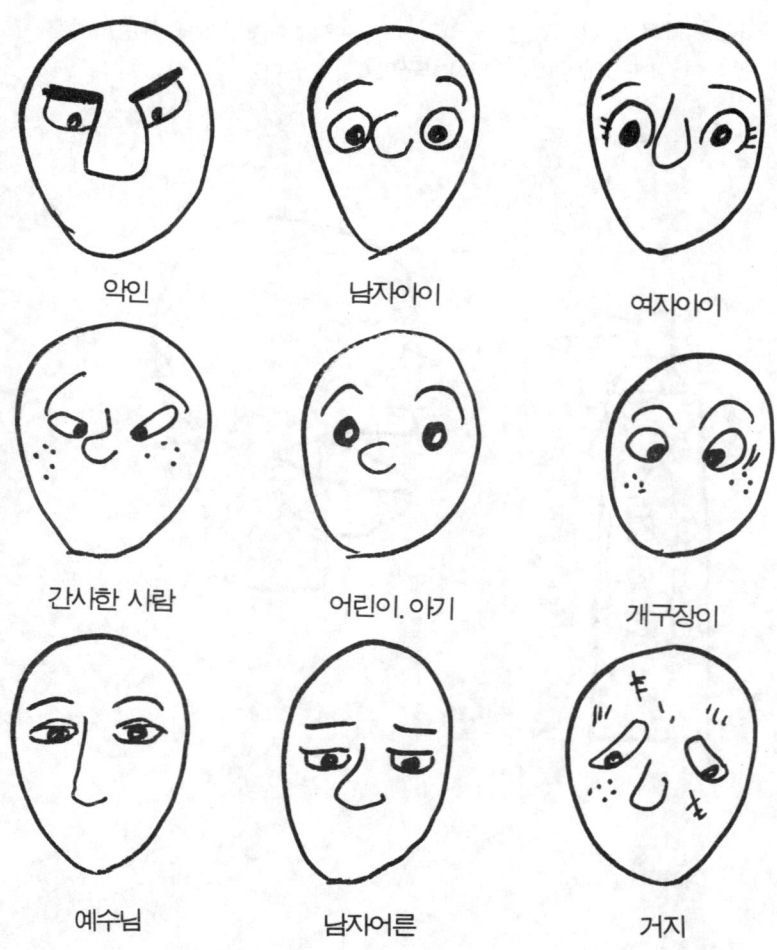

교회 인형극 백과 27

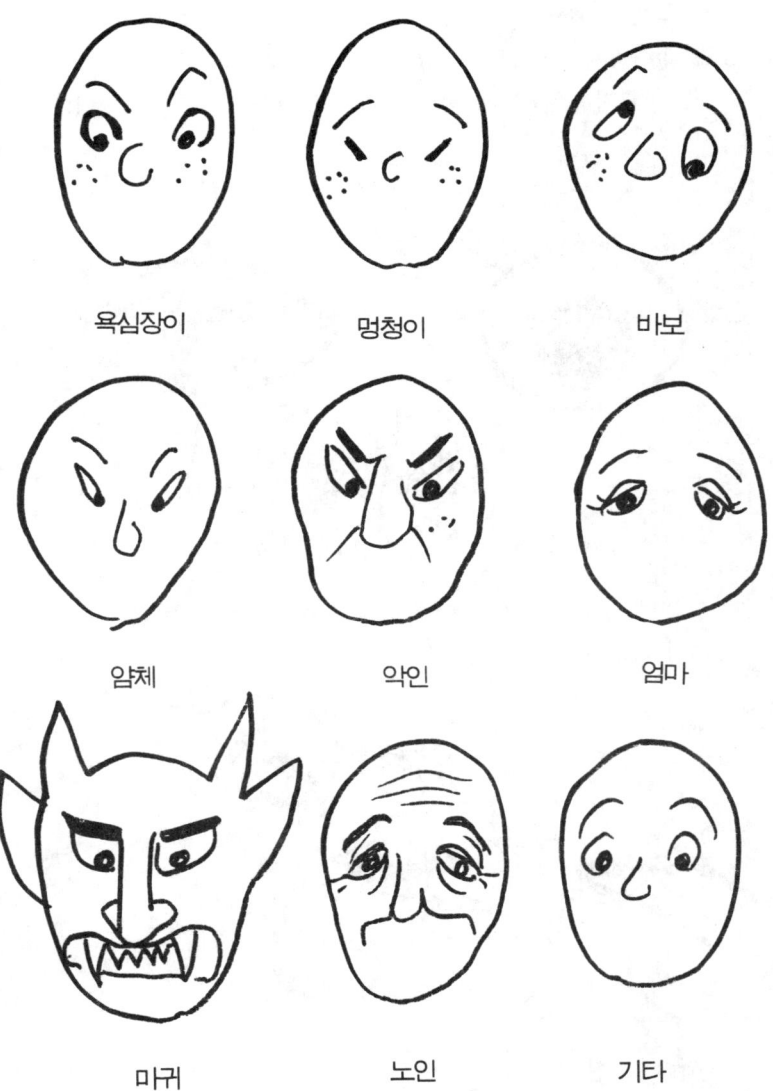

28 교회 인형극 백과

2. 눈은 크게 하는 것이 좋다.
3. 눈은 코윗부분에 그리지 말고 코옆에 그린다.
4. 눈의 흰자위. 눈동자 한 가운데 수정액을 칠해 눈이 빛나게 한다.

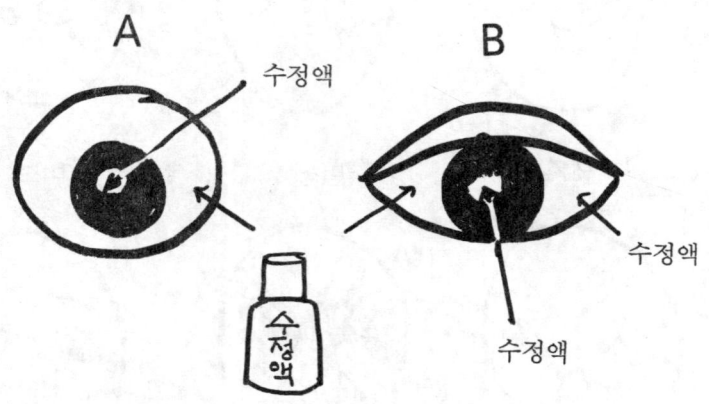

5. 입은 매직으로 그리지 말고 얼굴과 입 사이가 자연스럽게 입이 되는데 그 속에 빨간색 락카를 뿌린다.

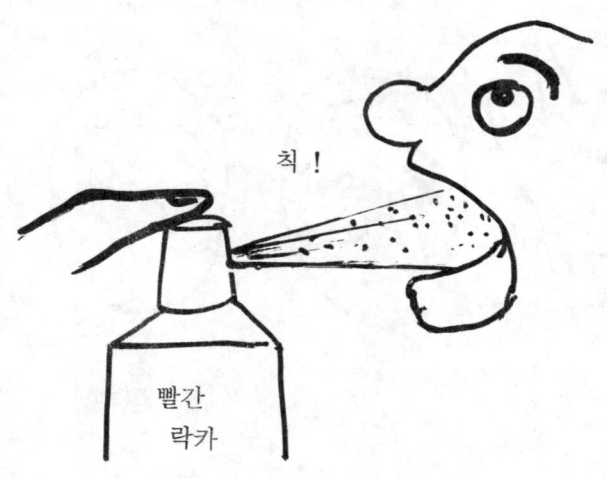

3) 인형머리털 붙이기

　과거에는 인형의 머리부분에 색칠을 하거나 털실을 붙였다. 지금은 인형머리털을 사다가 찢어 붙이는 것이 좋다.

A. 넓이 7㎝, 길이 30㎝를 자르는데 가위로 자르지 말고 털이 없는 뒷면을 면도칼이나 캇타로 자른다.

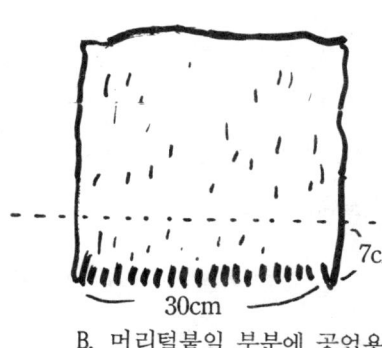

B. 머리털붙일 부분에 공업용 본드를 묻힌다.

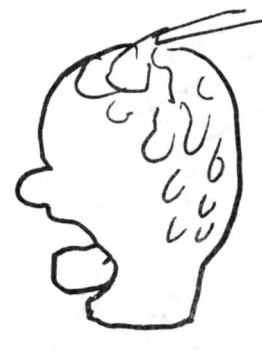

C. 머리털을 붙인다.

D. 남은 이음새 부분에 본드를 바른다.

E. 양쪽편에 있는 털을 집어 쓱쓱 덮어준다.

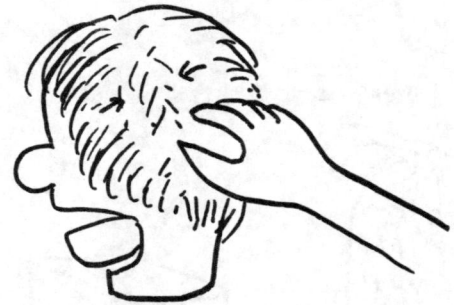

F. 수염을 붙이려면 작고 좁게 잘라 붙인다.

콧수염

턱수염

앗! 예수님이 되었네!

남자는 검은색 머리가 좋고 예수님이나 여자머리는 노란색이나 갈색이 좋다. 노인은 흰색등으로 머리털을 해준다.
(대머리 만들기)

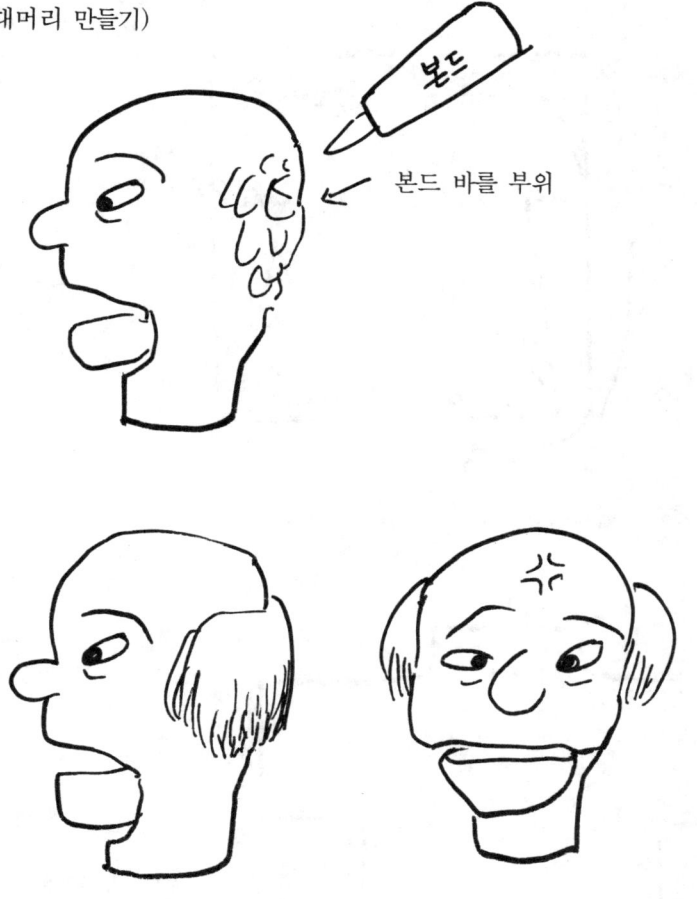

← 본드 바를 부위

본드 위에 털을 살짝 붙인다.   앞에서 본 모양

인형옷 만드는 방법

1. 헝겊은 두겹 포갠다. 그리고 그림을 다음과 같이 그린다.

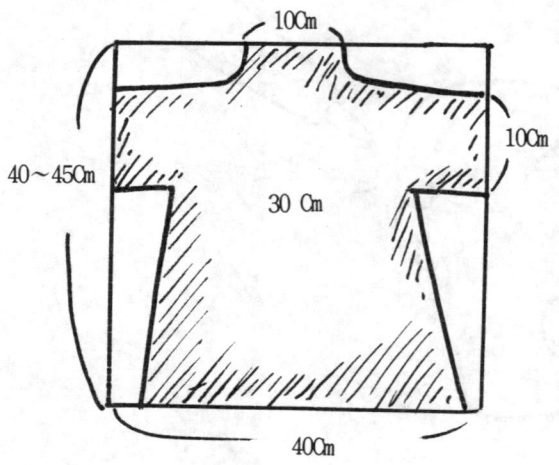

2. 가위로 재단하고 재봉질은 한다. (점선을 따라)

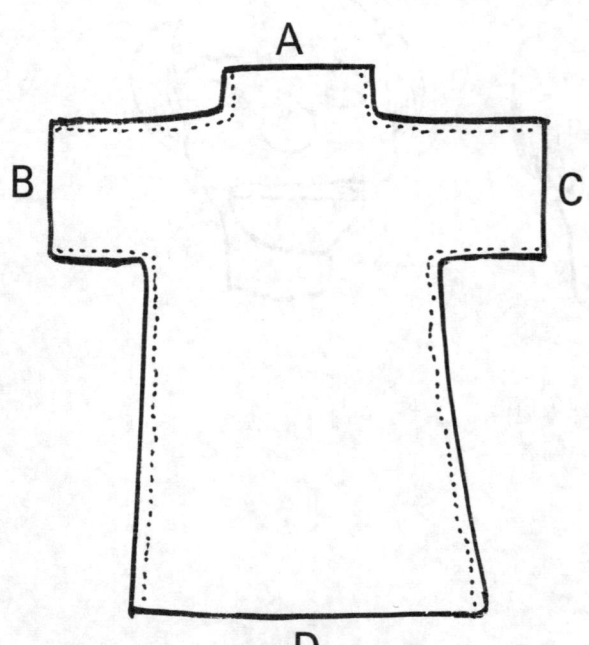

A. B. C. D 네 부분은 올이 풀리지 않게 안으로 접어 마무리 한다.

특수한 의상 만들기

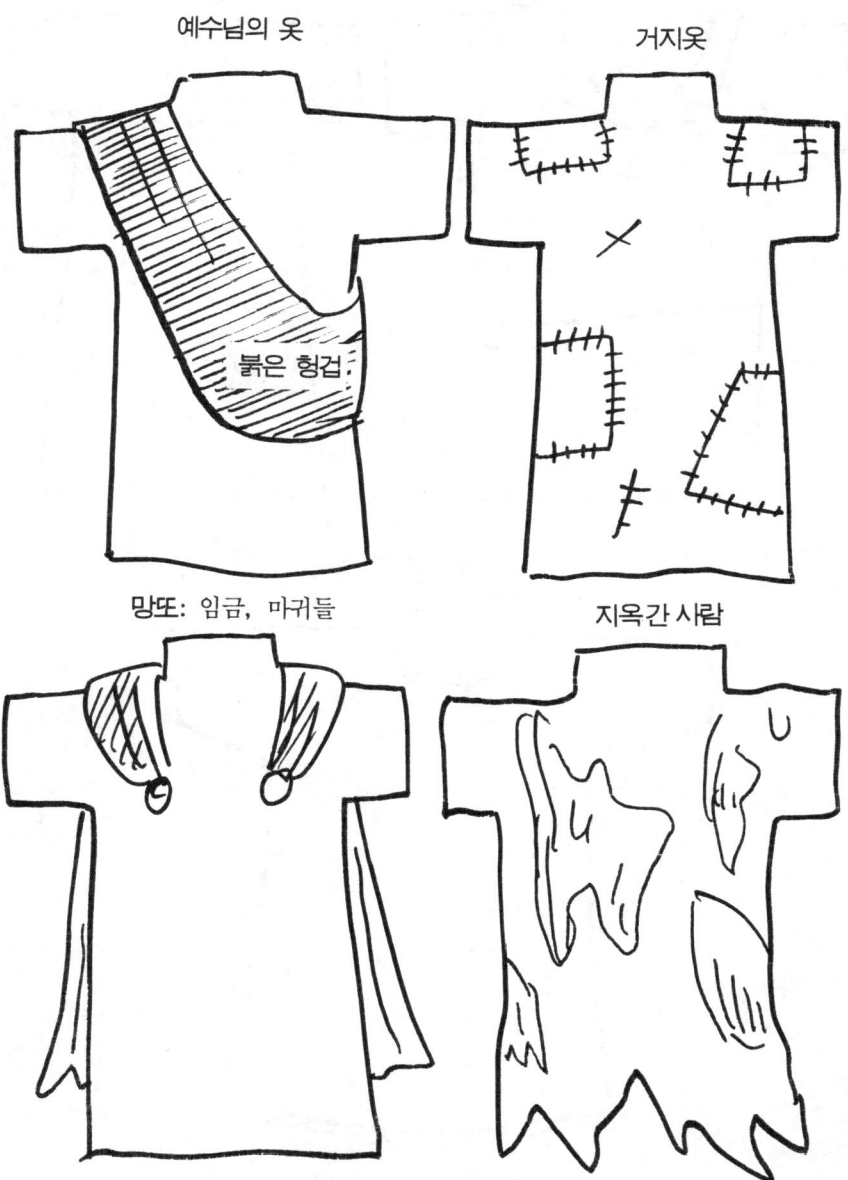

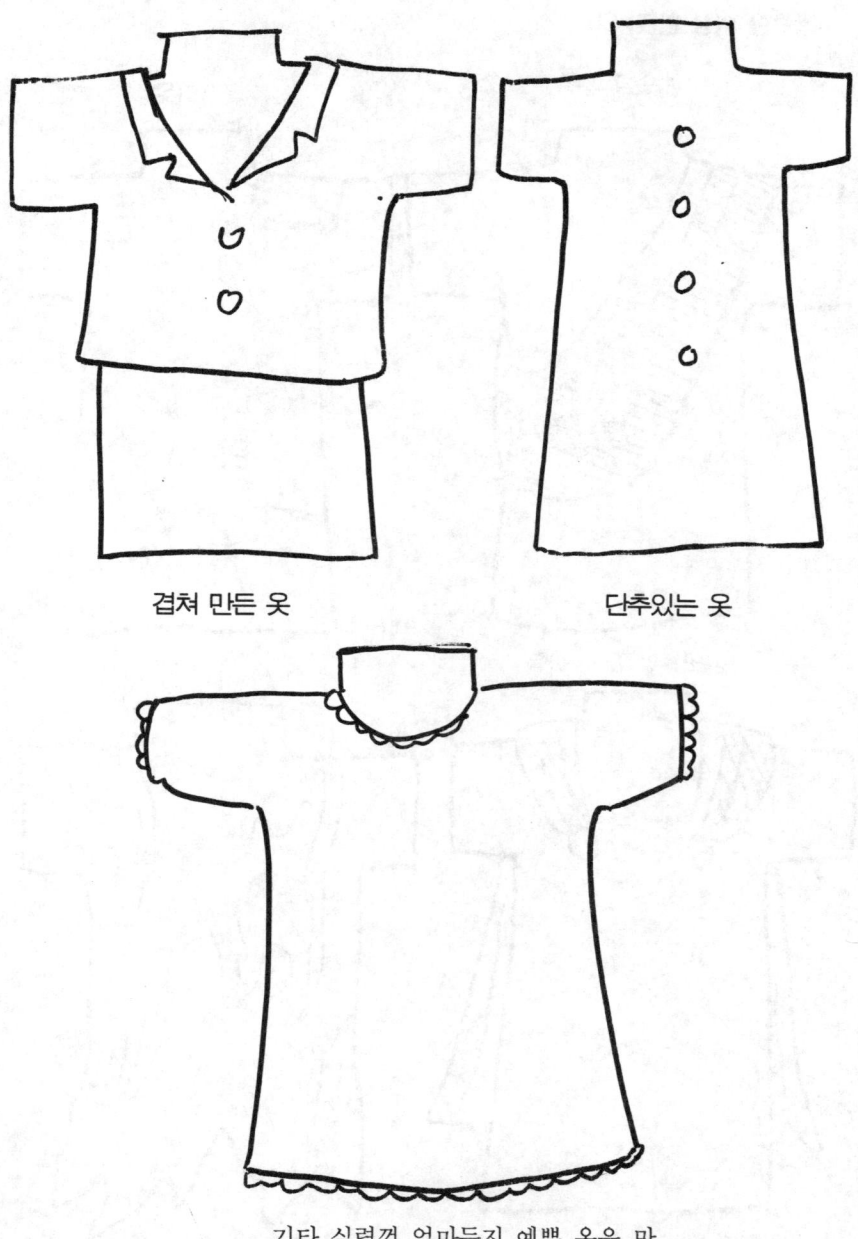

겹쳐 만든 옷   단추있는 옷

기타 실력껏 얼마든지 예쁜 옷을 만들 수 있다.

인형손의 부착법

특수 스폰지를 사용하면 인형손이 연출도중 빠지는 일이 없고 손이 아프지도 않다. 이 스폰지와 인형손은 교회교육선교회에서 구입할 수 있다.

1. 스폰지를 다음과 같이 오린다.

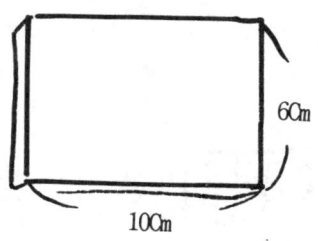

2. 빗금친 부분을 오린다.

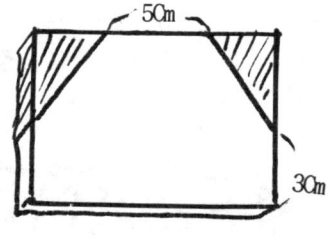

3. 반을 접는다.

4. 테이프를 붙인다.

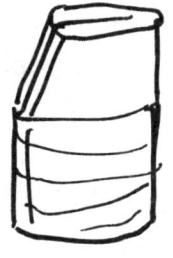

5. 본드를 살짝 바른다.

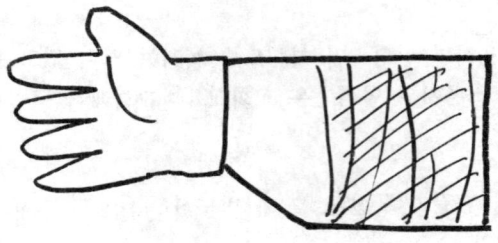

6. 인형손을 끼운다.

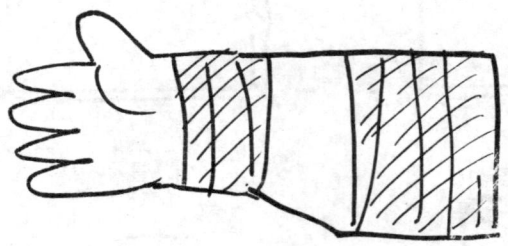

7. 테이프를 감아 손을 고정시킨다.

8. 이와같이 오른손, 왼손하여 두개를 완성한다.
　 오른손　왼손
　 반드시 엄지손가락이 위로 향하도록 하고 손바닥은 앞을 향하게 한다.

9. 본드를 바른다 (앞 뒤로).

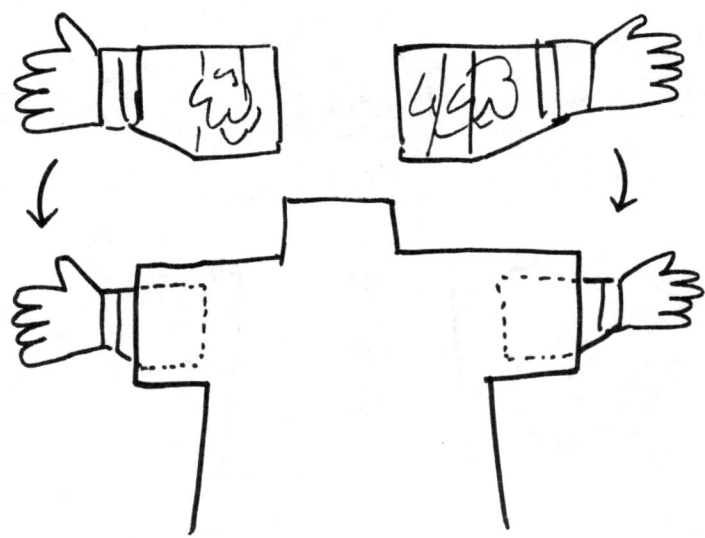

10. 인형목에 본드를 얇게 바른다. (빙둘러)

11. 인형옷의 목부분을 본드에 닿게 하여 부착시킨다.

짠! 완성이닷!

완성된 인형의 모양

대만 제일교회에서 열린 교사강습회에서 교사들에게
인형제작법을 가르쳐 주는 필자   (90. 4. 8.)

대만 신죽성경학원생들에게 가르쳐준 방법대로 인형을 만든
학생들과 함께   (90. 4. 4.)

인형수술법

인형을 만들었는데 입이 안움직이거나 손이 아프면 다음과 같은 가위로 장애되는 원인을 찾아 잘라낸다. 그러면 불편이 사라진다. (인형이 완전히 마른 뒤에)

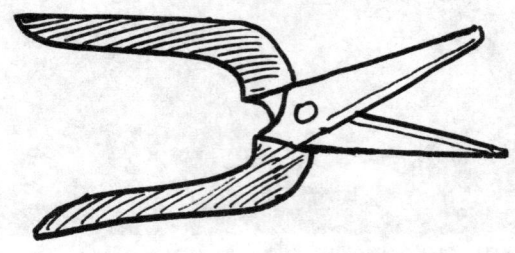

손가락이 짧으면 인형의 목을 자른다.

입이 안움직이면 턱밑을 자른다.

특수인형 만들기(눈물나는 인형, 침뱉는 인형등)

1. 눈물나는 인형

   ※모든 인형이 다 눈물을 흘리도록 할 수는 없으므로 특별히 주인공으로 등장한 몇 인형을 선택하여 이 장치를 한다.

   ◎ 준비물: 긴 송곳이나 드라이버, 20심짜리 전깃줄 20 cm, 테이프, 본드, 줄넘기줄(속이 빈것)

   A. 머리털을 붙이기 전에 인형의 뒷통수에 구멍을 뚫어 양쪽 눈으로 통하게 만든다.

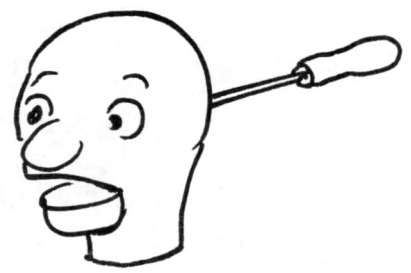

   B. 20심짜리 전깃줄의 철사줄을 이빨로 하나 하나 뽑아 속이 빈 작은 호스를 만든다. 이때 길이는 약 20cm가 적당하다.

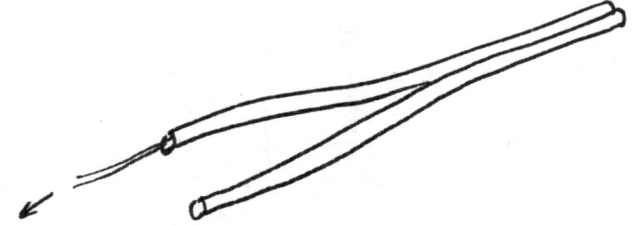

C. 두 전기줄 호스를 양쪽 눈으로 나오도록 하여 본드로 접착시켜 움직이지 않게 한다. 이때 호스구멍이 막히면 안된다.

D. 플라스틱 약병(약국, 의료기상사, 병원에 있음) 뚜껑을 드라이버로 구멍을 뚫는다. 이 때 명심할 것은 안에서 밖으로 뚫어야 한다. 약병은 30 cc나 45 cc가 적당하다.

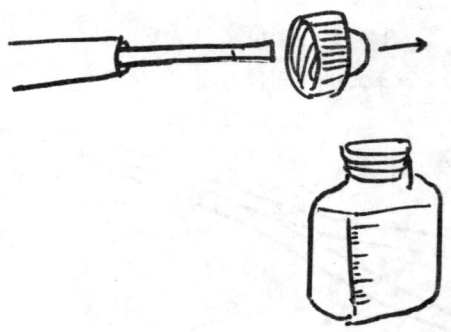

E. 속이 빈 줄넘기줄(속이 빈 것, 문방구점에 있다)을 30cm 가량 잘라서 약통 뚜껑의 안에서 밀어 넣어 밖으로 뽑아 본드로 밀봉시킨다.

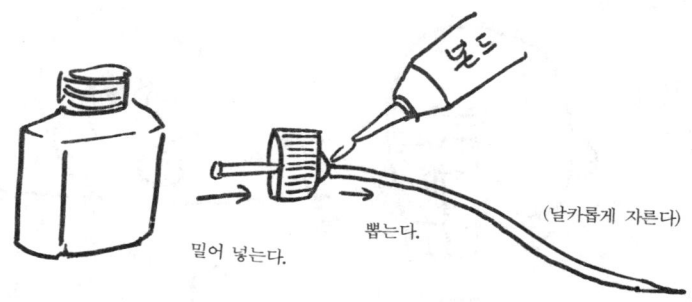

F. 인형 뒷통수로 나온 전깃줄 두개를 호스 속으로 밀어넣고(호스를 불에 그슬려서 구멍을 적당히 넓힌다.) 본드와 테이프로 밀봉시킨다.

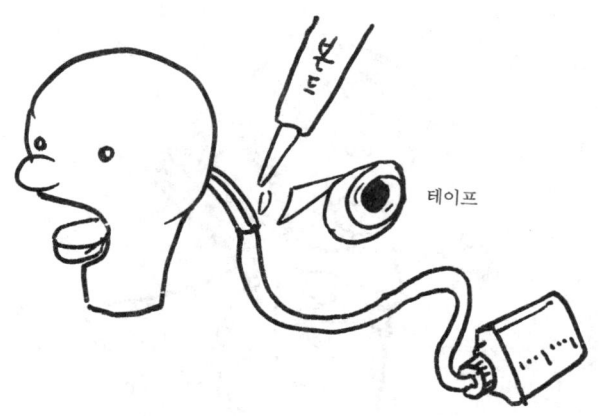

G. 테이프로 이 줄들을 인형 뒷통수에 밀착, 고정시키므로 움직이지 않도록 한다. 그리고 줄은 옷 속으로 집어 넣는다. 그리고 머리털을 붙여 보이지 않게 한다.

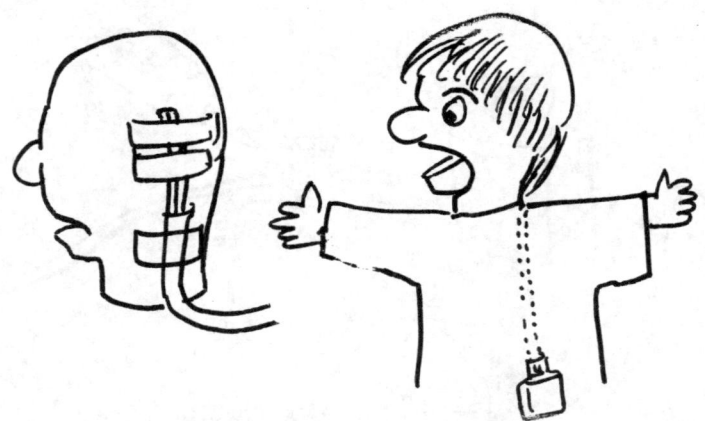

H. 인형극 연출시 눈물이 나오도록 하려면 약통에 물을 담아 거꾸로 쥐고 누른다.

⑤ 침뱉는 인형만들기

　침뱉는 인형은 주로 술주정뱅이가 술을 토하는 장면이나 악인이 침을 뱉는 장면에 가끔 나와야 하며 침을 뱉을 때는 청중을 향해 뱉는 행위는 절대 금한다. 오직 상대 인형에 대해서 뱉을 때에 한하여 사용한다.

A. 전항 D. E와 같이 플라스틱
　　약통과 호스를 부착시킨다.

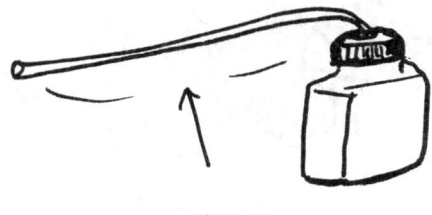

약 25~30cm

B. 인형의 목 뒤에 구멍을 뚫어
　　인형의 혓바닥 부분에 붙인
　　다. 위에 테이프를 붙여
　　고정시킨다.

테이프

C. 색을 칠해 호스가 보이지
   않게 하며 목 뒤 호스는
   테이프로 붙여 고정시킨다.

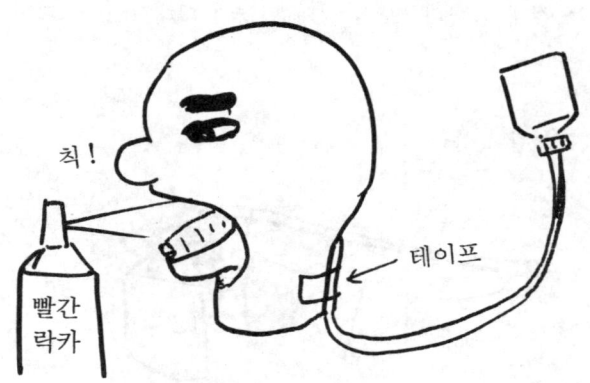

D. 역시 물통을 거꾸로 쥐고
   세게 누르면 침이 튀어 나온다.

피나는 인형만들기

A. 먼저 전항 A와 같이 호스와 플라스틱 약통을 부착시킨다.

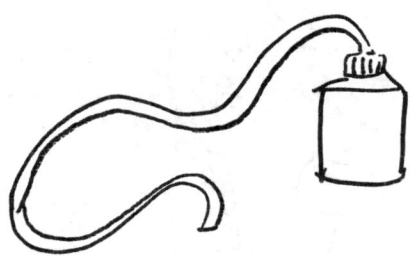

B. 인형의 머리 뒤로 줄을 밀착 시키고 끝이 이마 위로 되도록 부착시킨다.

48 교회 인형극 백과

C. 머리털을 붙여 호스나 테이프가 보이지 않도록 한다.

D. 물통에 빨간 물감(포스타칼라를 풀어 만든다)을 넣어 꺼꾸로 쥐고 누르면 피가 나온다. 머큐롬은 지워지지 않으므로 사용하지 말 것

으윽!

이 인형은 지나치게 자주 사용하면 어린이들의 정서에 해가 되므로 극한 경우에만 사용한다. (예: 골리앗, 강도만난 이웃 등)

E. 코피가 나게 하려면 콧구멍으로 연결시키면 된다.

필리핀 딴땅소라 빈민촌의 어린이들과 함께 인형극공연후 (90.12)

십자가 인형 만들기

십자가에 달리신 예수님의 인형은 인형극의 클라이막스에 자주 사용될 수 있다. 특히 십자가에 달리신 예수님의 양손에서 피가 나오는 것은 인형극을 매우 실감있게 한다.

A. 나무로 십자가를 만든다.
그리고 밑에 십자가형 받침대를 만들어 설 수 있게 한다.

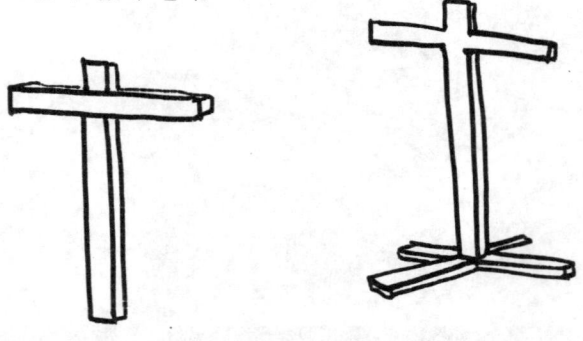

B. 못을 박는다(4개).

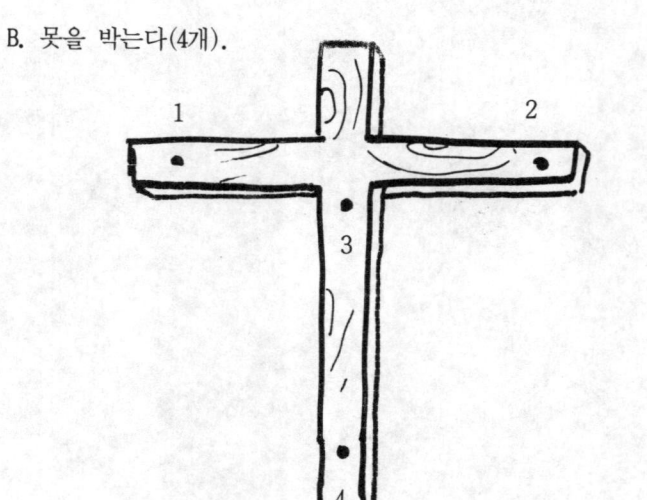

C. 가는 철사로 못끼리 잇는다. 이때 3번 못과 4번 못 사이에는 철사를 두개 연결한다..

D. 종이를 풀에 이겨 철사에 붙여 나가면서 예수님을 만든다.

철사가 하나길게 나오게 한다.

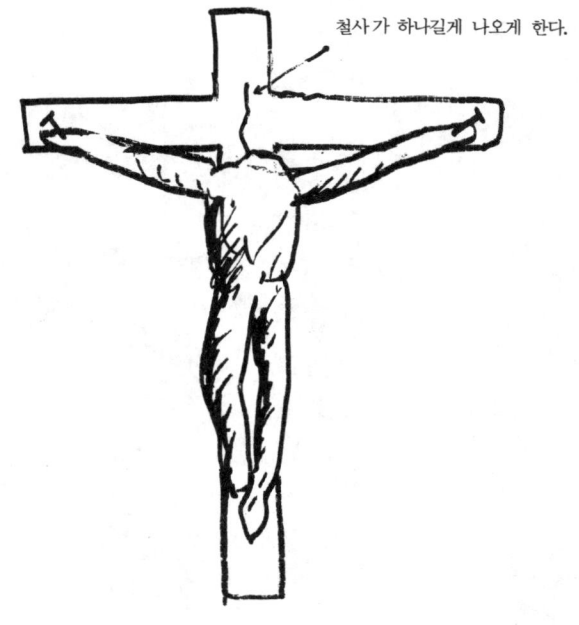

E. 머리는 따로 만들어 목위로 나
온 철사에 꽂는다. 머리가 움
직이게 한다.

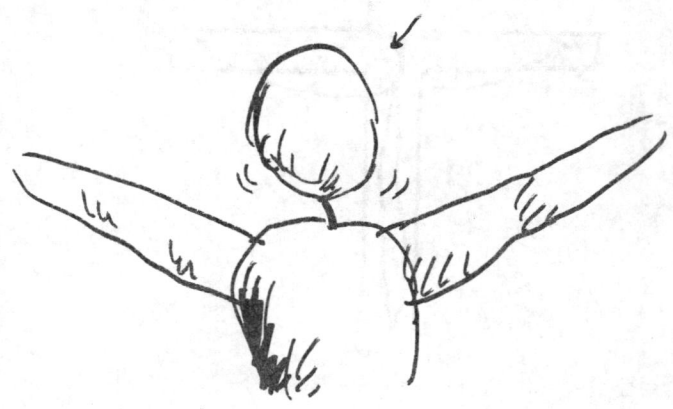

F. 고무줄과 낚시줄을 이용하면
목이 움직이게 할수 있다.

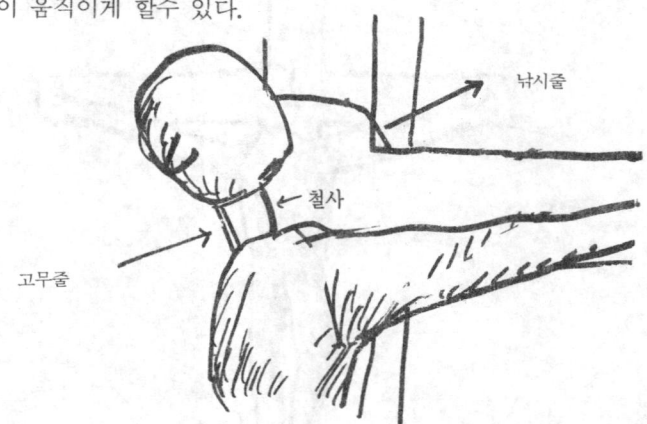

G. 눈물을 나게하는 인형을 만들 때의 원리로 십자가 뒤에 전깃줄과 호스로 피나게 하는 장치를 만들어 거꾸로 쥐고 누르면 양손에서 피가 나오고 이때 예수님의 머리가 흔들리도록 철사를 조종하며 예수님 음성을 구연하면 실감있는 인형극이 연출된다

새로 개발된 플라스틱 인형제작법

※본드보다 글루-건(Glue-GUN)을 쓰면 더 좋다.

① 인형머리와 턱을 연결하는 방법

- 철사를 구멍1에 밀어넣는다
- 철사를 ㄷ자로 구부린다

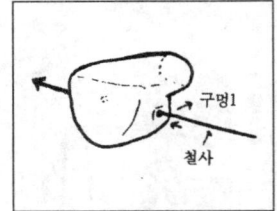
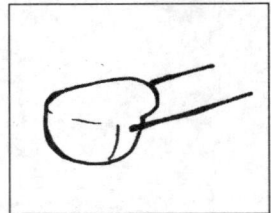

- 철사의 양쪽 끈을 구멍 2로 넣은 후 구멍 3으로 나오게 한다.

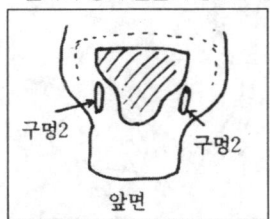
앞면

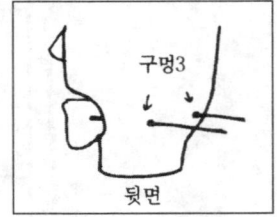
뒷면

- 뒤로 나온 철사를 적당히 잘라내고 중앙을 향해 ㄱ자로 구부린다. 이때 구부리는 위치는 다음과 같다.

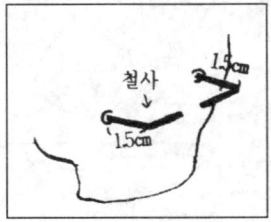
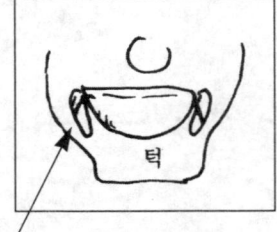

철사가 구멍가의 플라스틱에 밀착되면 턱이 잘 움직이지 않습니다.(철사에 플라스틱에서 떼어주세요)

② 기타 마무리방법

- 입을 움직여 움직이는 상태가 양호한가 확인한다. 잘 안 움직이면서 철사의 길이가 너무 짧은 것이 아닌가 조사. 더 길게 하여야 한다.

- 뒷면에 테이프를 붙여 철사가 뒤로 밀리지 않게 한다.

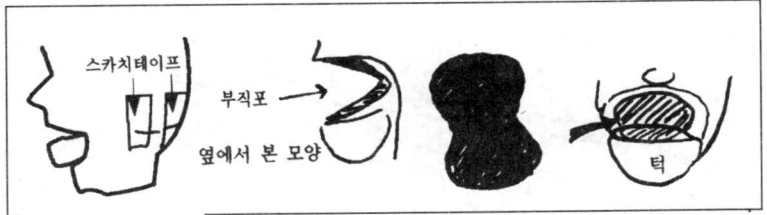

- 입천정 부분과 혓바닥 부분을 연결하는 부직포를 본드로 붙여 입이 부딪히는 소리를 없앤다. 부직포를 이와같이 잘라 붙이면 더 좋다.

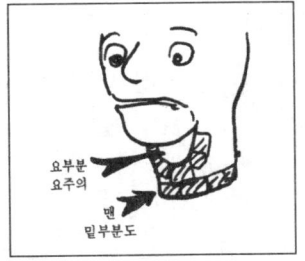

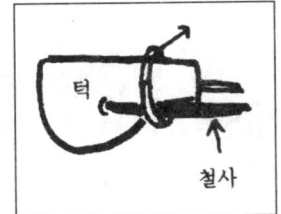

- 플라스틱의 구멍 및 입부분을 보면 날카로와 손이 아프거나 상할 염려가 있다. 그러므로 스카치 테이프를 붙여 날카로운 부분을 해결한다.

- 입이 고정되어 뒤집히지 않게 하려면 고무밴드로 입을 묶어준다.

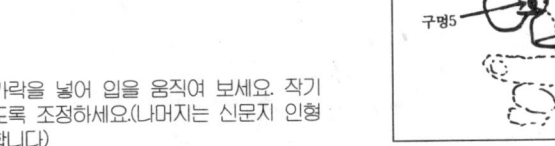

한번 손가락을 넣어 입을 움직여 보세요. 작기 손에 맞도록 조정하세요.(나머지는 신문지 인형과 동일합니다)

※ 플라스틱 인형은 교회교육선교회에서 판매합니다.(T. 765-8229)

5. 막대인형 만드는 방법 (대형)

막대인형은 각 교회에서 큰 행사로서 여러명이 참여하여 연출하는 인형극에 사용된다.

① 각목을 약 80㎝길이로 자른다. (어린이는 70㎝, 어른은 90㎝)

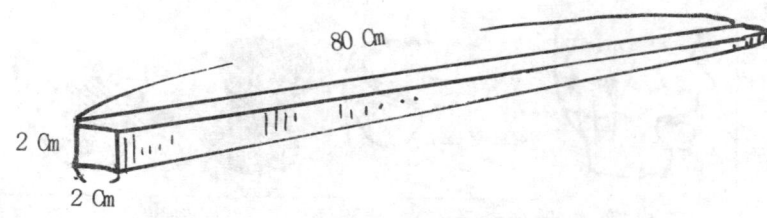

② 다음과 같이 위에서 10㎝ 부분에 구멍을 뚫고 철사로 4각형으로 구부려 매듭짓는다. 그리고 그 철사에 낚시줄을 길게 매어 놓는다.

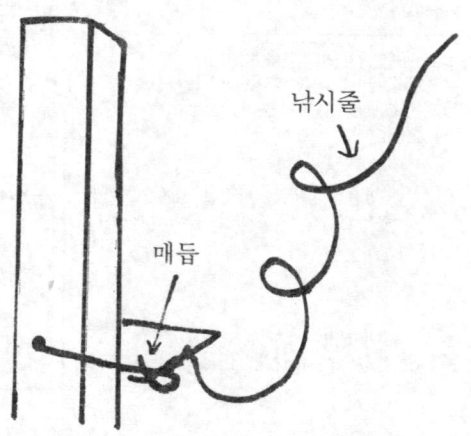

③ 손인형만드는 식으로 신문지와 모조지를 풀에 묻혀 사람모양을 만든다.

④ 손인형만드는 식으로 페인트를 바르고 얼굴을 그린다.

58 교회 인형극 백과

⑤ 목아래 나무를 자르고 나무와 나무사이를 굵은 스프링으로 연결한다.

⑥ 베니어판을 네모나게 잘라서 인형의 몸통으로 붙인다.

⑦ 폭 넓은 고무줄을 판처럼 늘어뜨린다. (오토바이 센타에 가면 펑크난 오토바이 쥬브를 얻을 수 있음. 쥬브를 적당히 4-50㎝ 넓이로 자른다.)

철사로 고정시킨다.

⑧ 스폰찌를 잘라서 몸통과 팔을 붙인다. (몸통은 베니어판에 팔은 고무줄에)

⑨ 플라스틱으로 만든 인형손에 구멍을 두개 뚫고 굵은 철사로 고리 짓는다.

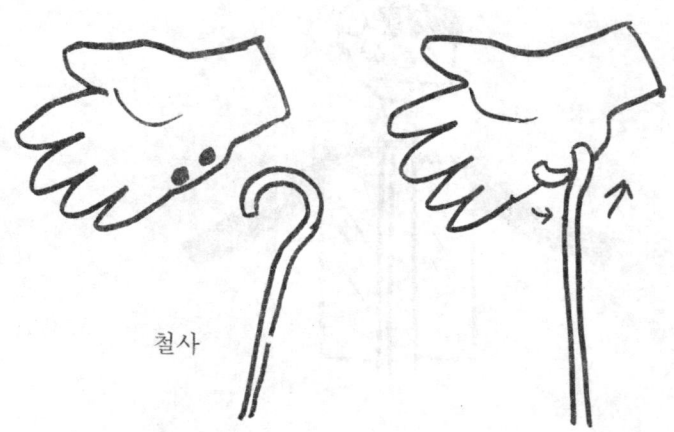

철사

⑩ 양팔의 끝에 본드를 붙여 플라스틱 손을 끼우고 고정시킨다. 철사가 70~80㎝

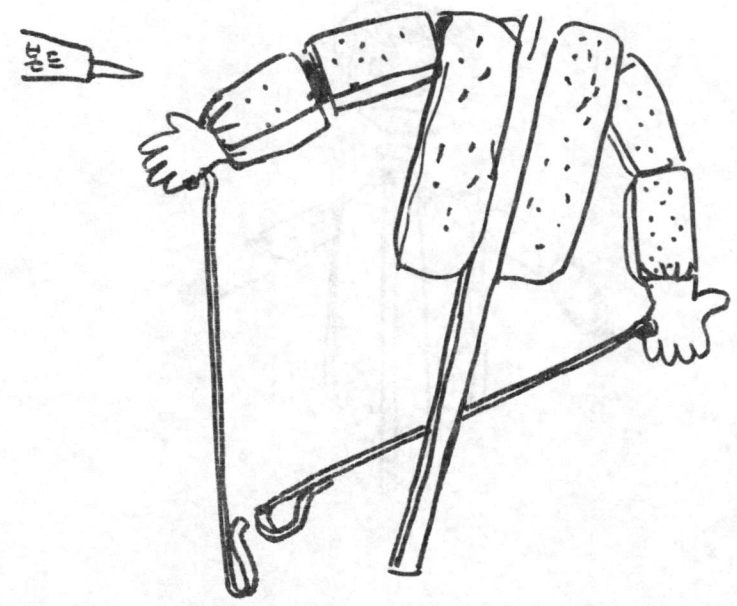

본드

⑪ 다리 만들기

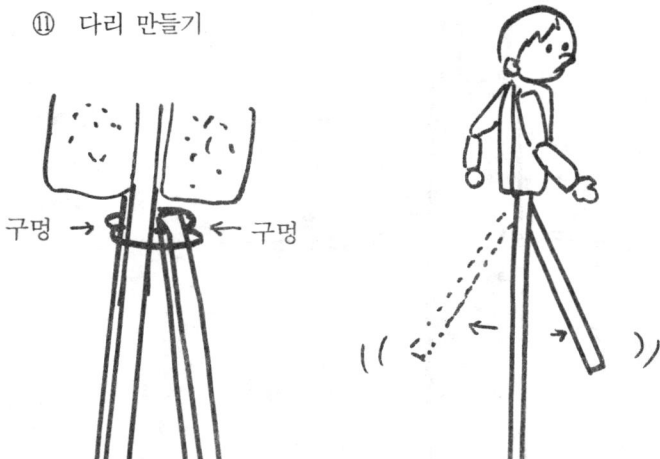

철사로 잇는다.   앞뒤로 움직인다.

⑫ P.V.C 관을 사다가 30Cm정도 잘라서 각목에 끼우고 다음과 같이 조종대를 만든다.

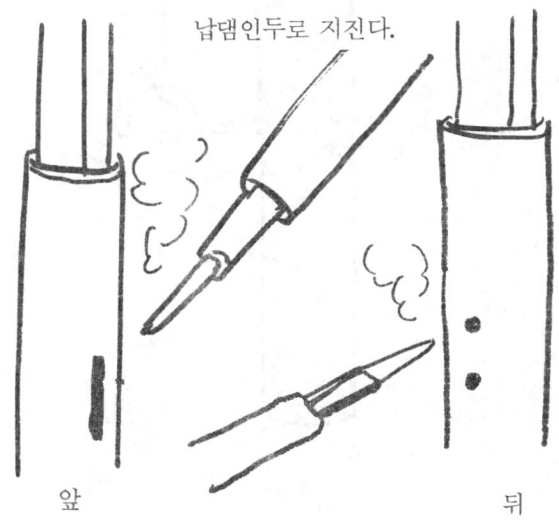

앞   뒤

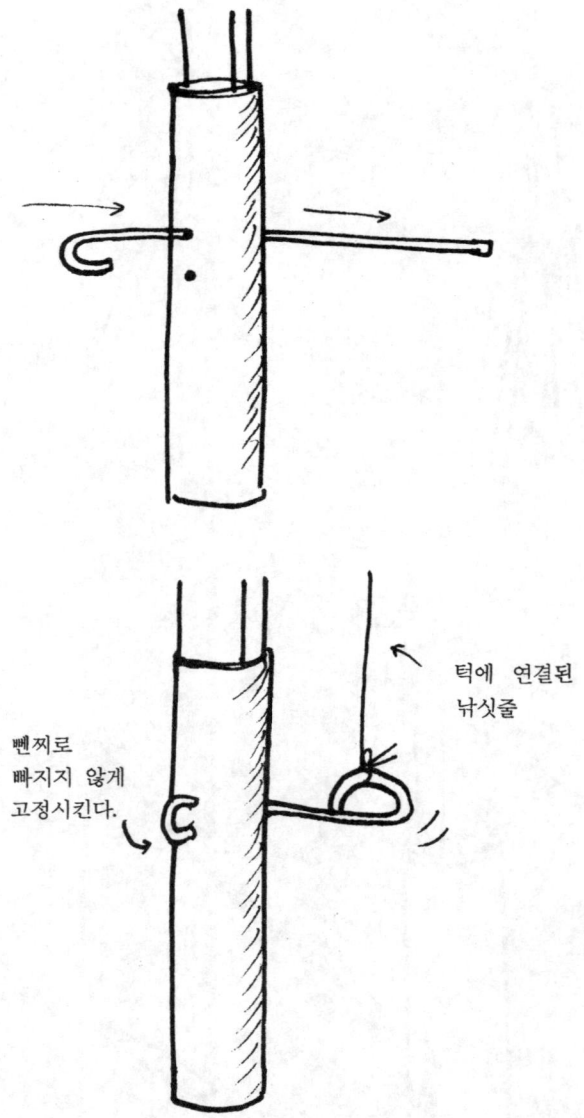

⑬ 입에 연결된 낚시줄을 손가락으로 조종하면 인형의 입이 움직인다.

⑭ 어린아이의 옷을 인형에게 입힌다.

64 교회 인형극 백과

(막대인형극을 연출하는 모습)

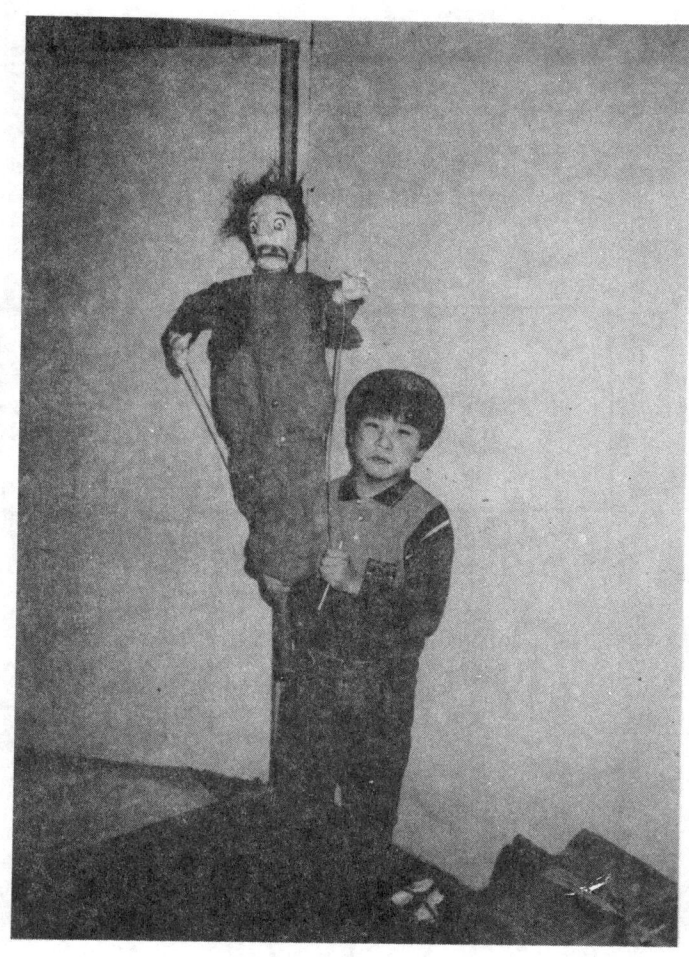

막대인형조종모습

6. 소품 만들기

인형극에 있어서 소품은 인형극을 보다 실감나게 하는 효과를 지니고 있다.

1) 지옥불 타는 것 만들기

  ㉠ 양철은 다음과 같이 오린다.

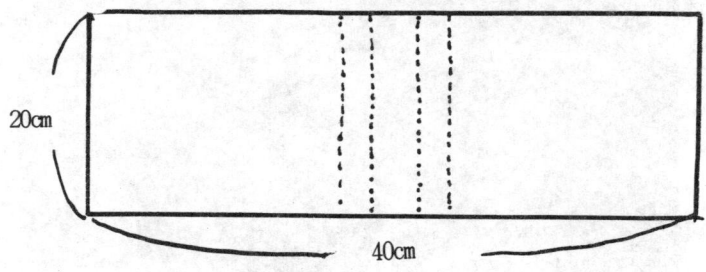

  ㉡ 옆에서 볼때 이와 같이 구부린다. 그리고 그 윗쪽 홈에 솜을집어 넣는다.

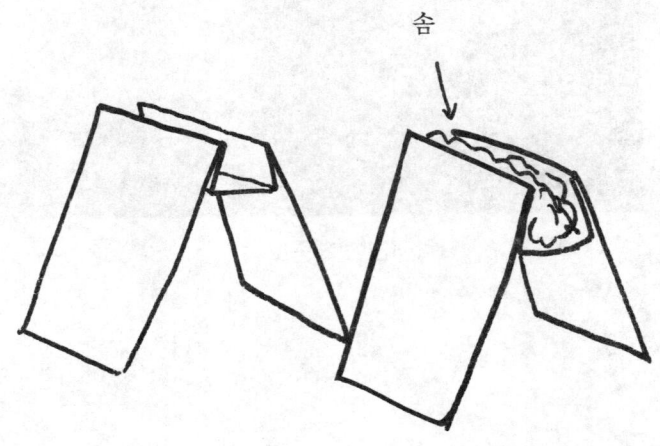

ⓒ 알콜이나 석유(휘발유는 안됨)를 솜에 붓고 불을 붙이면 지옥불이나 제단불이 된다. (불조심 할것)

필리핀 스모키 마운틴 피스 실로 복음교회에서 공연하는 필자

2) 몽둥이
나무젓가락이나 나무가지를 꺾어 스카치 테이프로 인형손에 부착시킨다.

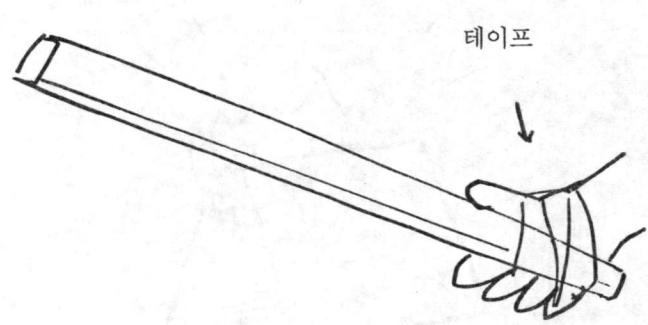

3) 삽, 곡괭이, 망치

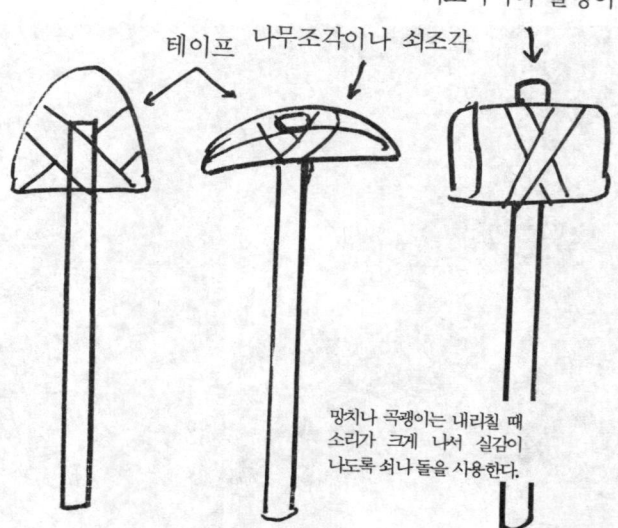

망치나 곡괭이는 내리칠 때 소리가 크게 나서 실감이 나도록 쇠나 돌을 사용한다.

4) 칼, 창.

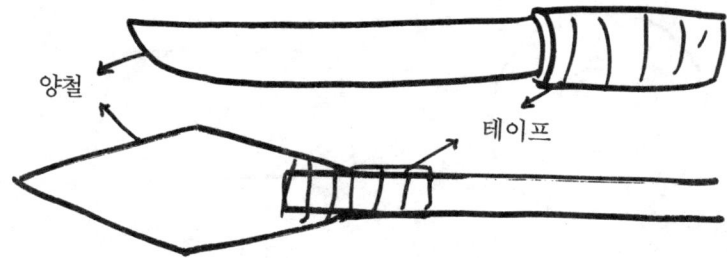

5) 선물이나 상품
    성냥곽이나 과자곽을 깨끗한 종이로 싸서 사용한다.
6) 모자
    ① 농부 모자

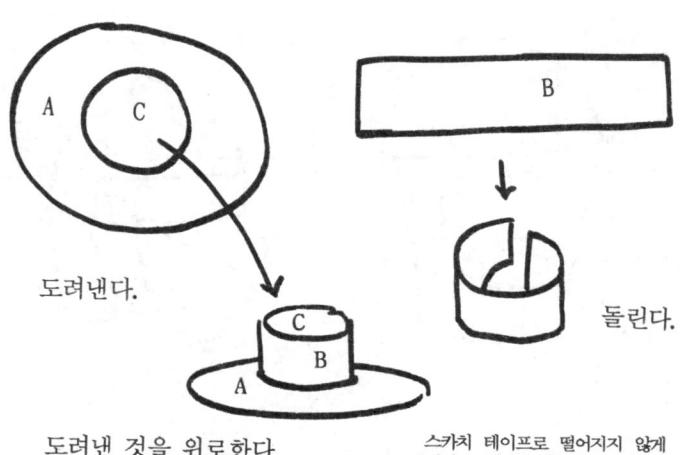

② 양반 갓(검은색)

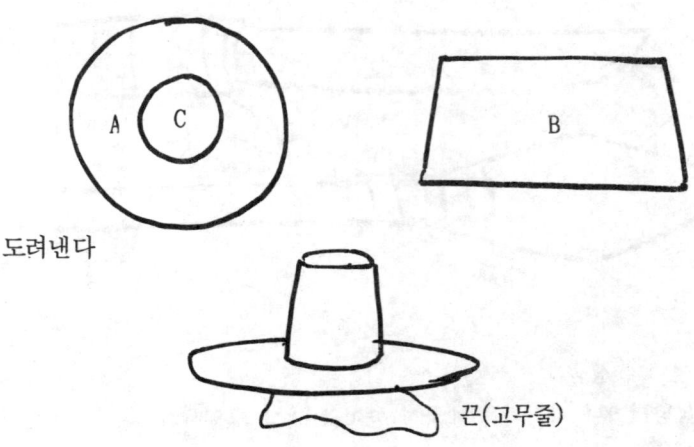

도려낸다

끈(고무줄)

③ 로마 병정

사발면 그릇

금박지를 붙이고 그림을 그린다.

④ 군인   사발면 그릇 끈

종이로 바르고 줄을 긋는다.

7) 면류관
   (책받침으로 만들고 금박지를 바르는 것이 좋다).

8) 총
　㉠ 권총

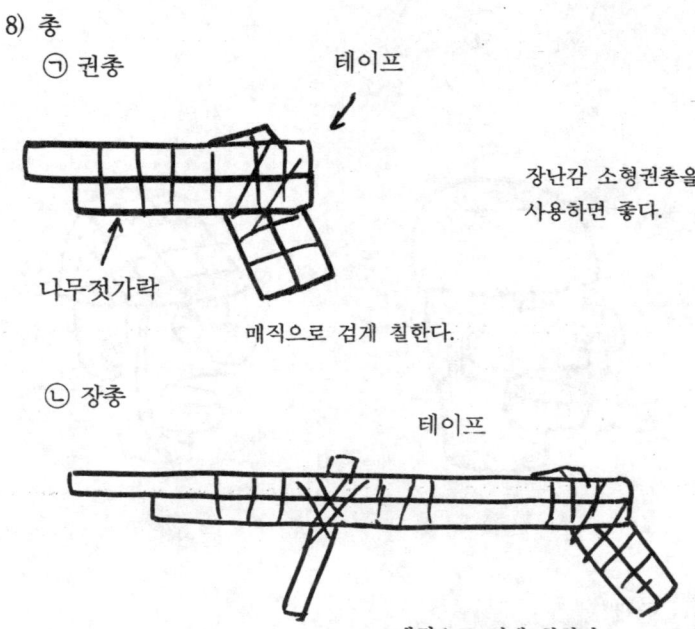

10) 기타

9) 성경책
　　작은 성경책을 그대로 사용한다.
10) 기타

　　　　무엇이든 비슷하게라도 준비하면
　　　　아무것도 없는 것보다 훨씬 낫다.

대만 산지 빠링조우교회에서 인형극 선교하는 필자.

7. 탈인형 만들기

큰 짐승탈을 머리에 뒤집어 쓰고 어린이들을 모으는 광경은 우리 주위에서 자주 볼 수 있다.

그 짐승탈은 어떻게 만드는 가를 설명하고자 한다.

① 스폰찌

두께 50㎝짜리 스폰찌를 다음과 같이 자른다.

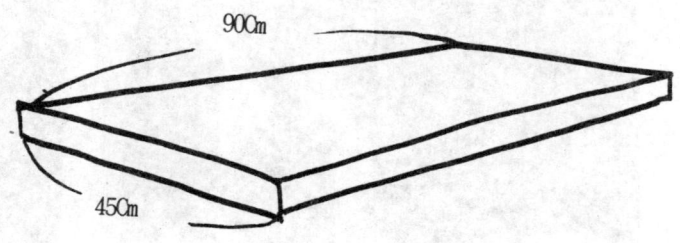

② 삼각형이 정확히 4개가 나오도록 잘라낸다. 약간 꽃잎모양으로 자르는 것이 좋다.

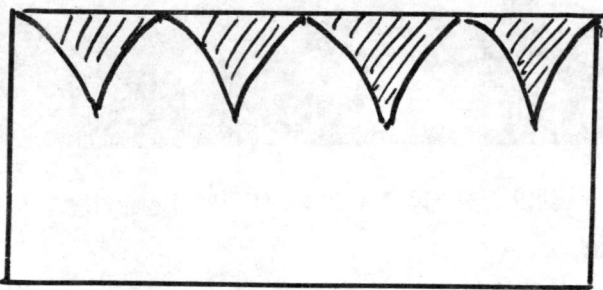

③ 밑에서도 조그만 삼각형 두개 잘라 낸다.

④ 본드로 양옆에 바르고 둥글게 붙인다.

⑤ 본드로 잘라낸 면에 바른후 서로 붙인다.

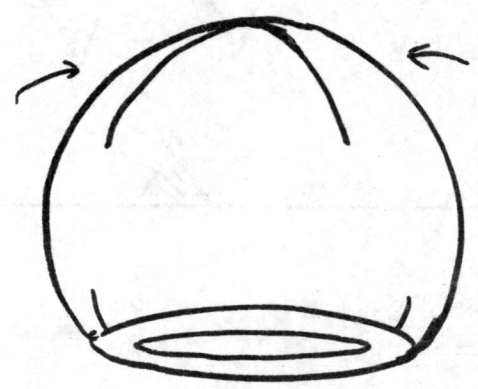

약간 밑에서 본 모습

⑥ 탈을 얼굴에 쓰고 두 눈이 있는 부위를 뜯어 낸다.

⑦ 만들고자 하는 탈을 생각하여 스폰찌 조각을 본드로 발라 부착한다.

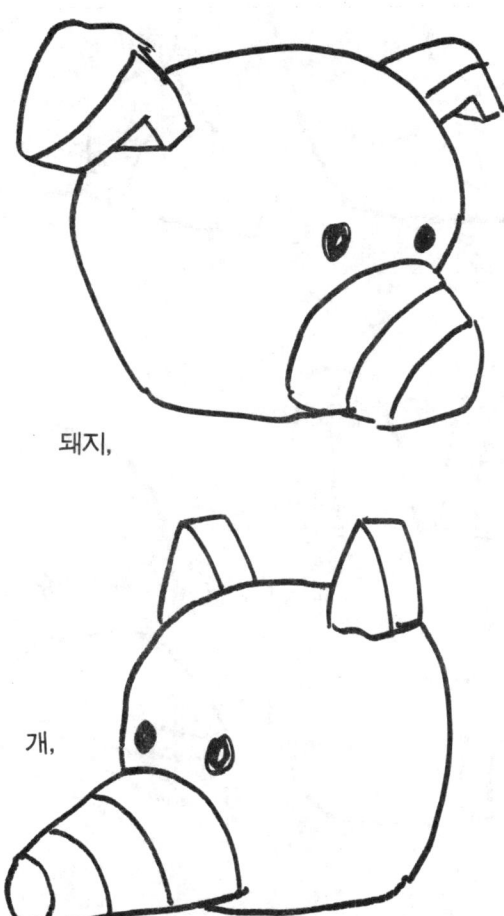

돼지.

개.

78 교회 인형극 백과

곰

여우,

토끼,

참새,

⑧ 짧은 털천으로 본드를 발라 둘러 씌운다. 이때 눈을 먼저 인조가죽으로 붙이고 구멍만 뚫는다. 그리고 그 눈모양에 따라 털천을 자른다. 그리고 본드를 발라가며 털을 붙인다.

⑨ 완성된 모습

교회 인형극 백과 81

완성된 탈인형들

82 교회 인형극 백과

8. 인형틀 만들기
① 가장 간단한 인형틀 - 칠판을 이용하는 방법.
각 교회에서 흔히 있는 이동식 칠판을 이용하는 방법이다.

② 헝겊과 철사를 이용하는 방법

③ 나무와 베니어판으로 만드는 인형틀
  A. 먼저 각목으로 뼈대를 만든다.

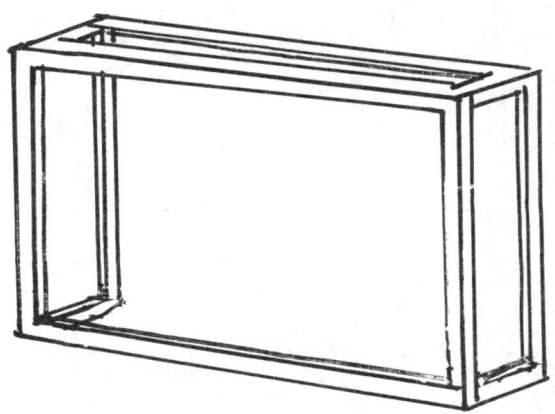

B. 앞면에 베니어판을 대고 구멍을 네모나게 판다.

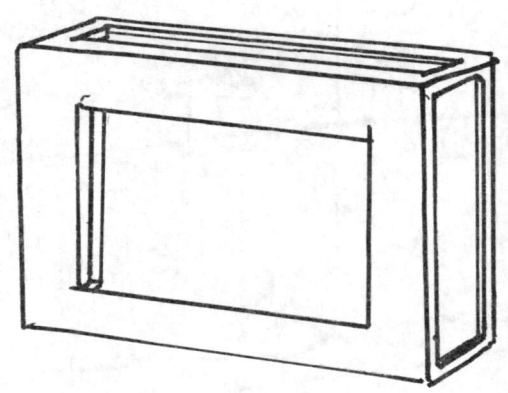

C. 뒷면에 배경을 걸수 있게 위에 긴 못을 두개 박는다.

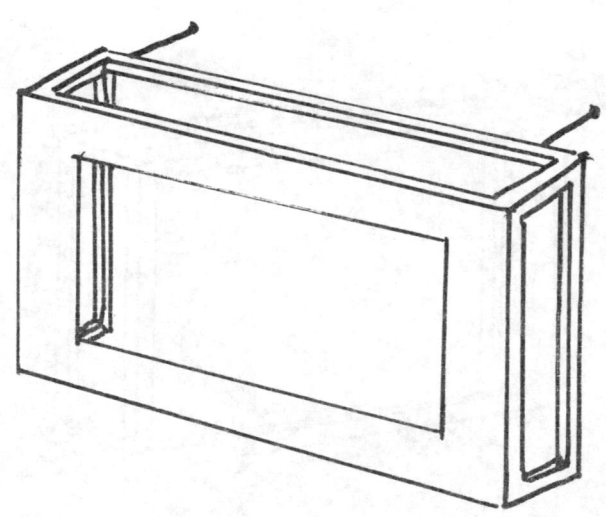

D. 옆에 철사와 커튼으로 날개를 단다.

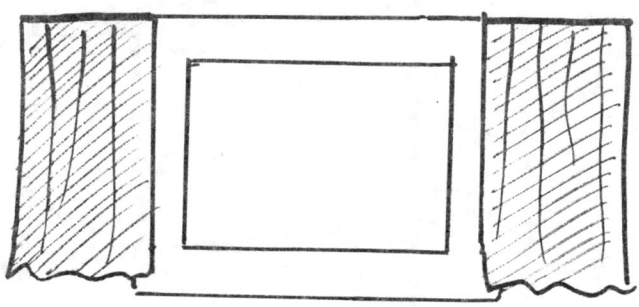

E. 막을 매달고 여닫는 장치를 한다. (커튼식) 이것은 성찬상, 책상위에 올려 놓아야 한다.

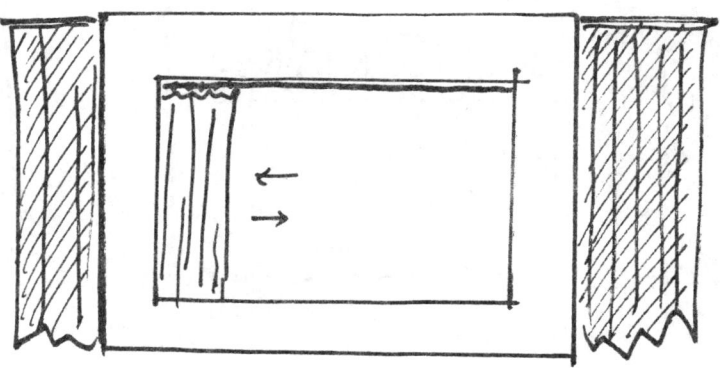

④ 다리있는 인형틀

① 나무나 앵로드 이런 틀을 만들고

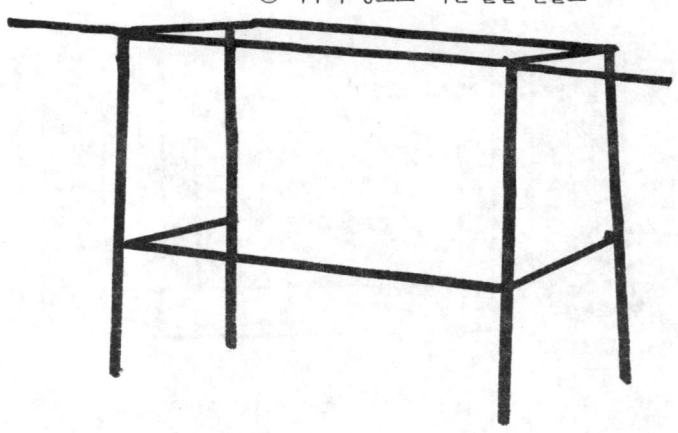

② 장식을 단다.

이외에도 전문적으로 인형극을 하실 분은 시중에 판매되는 조립식 인형틀을 구입하여 사용하는 것이 좋다. ○○만원 이면 자동식 인형무대를 구입할 수 있다. (문의=T.766-5115, 765-8229)

교회 인형극 백과 87

조립식 인형틀을 이용한 공연 모습

9. 인형극 배경 만들기

① 인형극 배경은 「다후다」를 적당한 면적으로 잘라 ② 위 아래로 굵은 철사를 본드로 부착한 후 ③ 매직으로 그림을 그리고 크레파스로 색칠한다. ④ 눈이 닿는 높이쯤에 구멍을 몇개 뚫고 활용한다. 너무 복잡하게 그리지 말고 크레파스도 진하게 칠하지 않는 것이 좋으며 크레파스로 칠한 후에는 꼭 화장지로 문질러 준다.
(배경의 예)

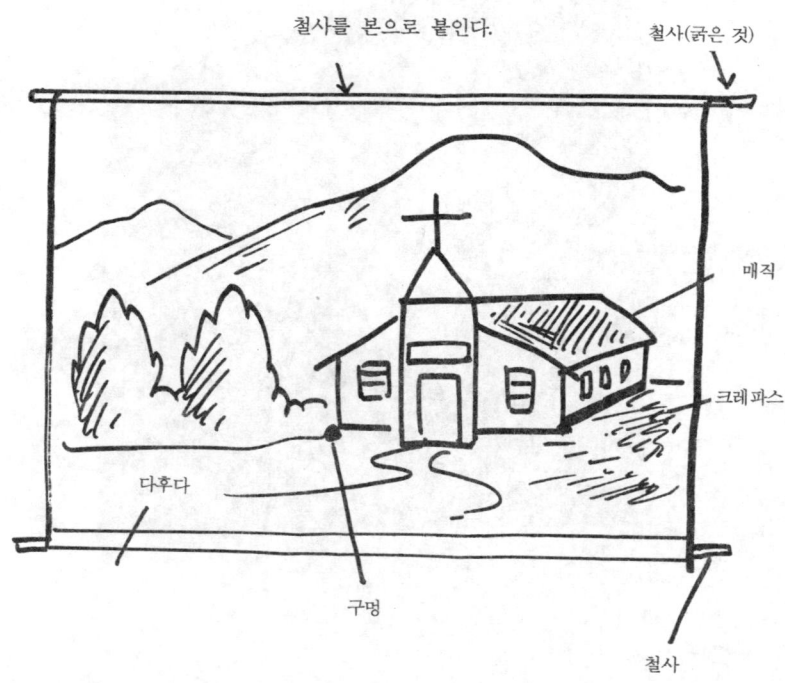

(배경의 예)

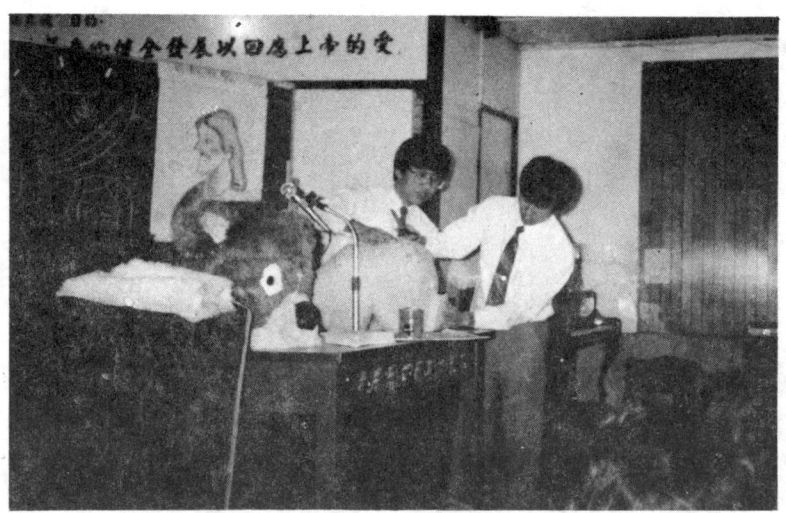
대만 신죽성경학원에서 강의하는 필자.

대만 중화복음 신학원에서 강의하는 필자

92 교회 인형극 백과

대만 제일저능아학교에서 인형극공연시 (1990. 10)

타이페이 시립저능아학교에서 선교 공연하는 필자.
나중에 알고보니 이 학교는 불교학교였다.

제 2 장
인형극본 제작법

인형극을 관람키 위해 몰려든 필리핀 어린이들(창문사이로도 보고 있다.)

94 교회 인형극 백과

필리핀 딴땅소라 유치원 교사들과 함께

인형이 신기하기만 한 필리핀 교사들

1. 인형극본의 소재 선택

인형극본의 소재는 우리 주위에서 많이 찾을 수 있다. 주로 성경에서 그 소재를 찾는 것이 가장 좋으며 두번째로는 예화집, 동화집, 그리고 우리 주위에서 얻을 수 있는 많은 이야기거리를 소재로 하여 만들 수 있다.

2. 인형극본의 분류
① 내용에 따른 분류
ㄱ. 복음적인 내용-이것은 예수 믿으면 구원받고 안 믿으면 멸망한다는 내용으로 여러 가지의 소재를 이용해 자주 반복교육을 시킬 필요가 있다. 천국, 지옥에 대한 교육은 교회교육에 필요불가결한 내용인즉 실감있고 신중히 전달하여야 한다. 필자의 작품중 두통이의 마음, 철수의 회개, 천국과 지옥 등 여러가지 작품이 이에 속한다.

ㄴ. 성경을 극화한 내용-성경 속에는 무한한 이야기가 있고 얼마든지 재미있게 교육할 수 있는 내용이 풍부히 산재해 있다. 성경을 교리적인 이탈이 없이 조금 극화하고 코믹하게 대사를 가미하여 어린이들에게 부담없이 전달될 수 있도록 극본을 만든다.

예: 요나의 회개, 나아만 장군, 사자굴의 다니엘, 에서와 야곱, 엘리야와 이세벨 등등 헤일 수도 없이 많다.

성경극화는 ㉠ 성경적이어야 하며
  ㉡ 지나치게 덧붙이다가 성경을 왜곡시켜서도 안되며
  ㉢ 진지해야 한다.
  ㉣ 교리적이어야 한다.

② 인형극의 길이로 분류한 인형극본의 종류
ㄱ. 장편인형극

요셉 이야기, 모세 이야기등 너무 긴 내용의 이야기를 인형극으로 할 때는 여러 편으로 나누어 연재로 하는 것이 더 좋다.

ㄴ. 중편인형극

중편인형극은 대개 2-3막 정도에 길이는 30~50분에 끝날 수 있는 내용으로서 주로 특별 행사 때에 상연하는 기, 승, 전, 결이 완벽한 문학적 형태를 갖춘 인형극이다.
　　ㄷ. 단편인형극
주로 단막극으로서 문학적인 인형극으로서보다는 교육적 목적으로서 상연되는 5~10분 정도의 짧은 인형극을 말한다. 성경에 있는 비유나 성경 이야기를 어린이들에게 간략히 가르친다든지 교육적인 내용을 전달할 때 활용한다. (T.V 유치원등을 보면 알 수 있다.)
　　ㄹ. 꽁트
분위기를 환기시키기 위해 코믹하게 연출하는 막간 인형극으로 교회 행사중에 프로그램을 부드럽게 이끌어 나가기 위한 방편으로 사용된다.
③ 인형극 연출자의 숫자에 따른 분류
　　ㄱ. 일인인형극-혼자서 모든 배역을 다 감당하는 인형극으로서 전문가들은 일인인형극이 오히려 쉽고 간편하다.
　　ㄴ. 이인인형극-두 사람이 성대묘사로 하며 같이 하는 방법으로 성대 묘사도 쉽고 4명의 인형이 같이 등장할 수 있는 잇점이 있으나 임기응변이 어렵고 인형극을 지혜롭게 리드해 나가는 힘이 부족하다.
　　ㄷ. 3인이상 인형극-
모든 교사가 참여할 수 있으므로 참여의식을 높일 수 있으나 복잡하고 번거로운 단점이 있다.
④ 연출방법에 따른 분류
　　ㄱ. 무대없는 인형극
인형 무대없이 연출하는 인형 사용법이 있다. 주로 광고시간에 사회자가 인형을 한 개 내지 두개 손에 끼도 나와 직접 인형, 청중과 대화하며 부드럽게 프로그램을 이끌어 가는 방법이다.
이 때 연출자는 인형의 성대묘사를 잘 해야 하며 인형의 성대묘사시에는 얼굴 표정이나 입의 움직임이 거의 없어야 한다.
　　ㄴ. 무대와 배경이 있는 인형극
이것은 완벽한 장치와 준비 아래 행하여지는 인형극으로서 미리 짜

임새 있는 연출 준비와 조명, 무대, 배경, 소품, 음악이 준비되어 극적 효과를 기대하는 인형극을 말한다.

3. 인형극본 만들 때의 네가지 명심할 일

① 항상 청중을 의식한 극본이 되어야 한다.

지나치게 예술적으로 혹 지나치게 문학적으로, 신앙적으로 만들겠다고 어린이들의 수준이나 심리를 도외시한 인형극본은 반드시 실패로 끝난다. 어린이들은 결코 인형극의 연습 대상이 될 수도 없고 어른의 축소형도 아니므로 인형극본은 그 인형극을 관람할 어린이들의 연령과 수준에 맞게 만들어야만 한다.

② 인형극의 연출자(조종, 성대묘사하는 사람)을 의식한 극본이 되어야 한다. 연출자의 역량은 부족한데 지나치게 전문가 흉내만 내려다가는 오히려 어색하고 걸맞지 않는 인형극이 될 수가 있다. 인형극 연출자의 재능과 수준을 맞추어 극본을 만들어야겠다.

③ 하나님을 의식한 극본이 되어야겠다.

인형극이 아무리 어린이들에게 인기를 끌고 성공을 했다 해도 주님 마음에 합당치 않은 것이라면 그 인형극은 실패작이며 어린이들의 신앙에 마이너스만을 가져올 뿐이다. 그러므로 주님 앞에서 겸손한 자세

로 부끄러움 없는 극본을 만들어야겠다.
　④ 성경을 의식한 극본이 되어야한다.
　성경말씀에 위배되는 내용이나 비교리적인 내용은 써서는 안된다.

4. 인형극본 만들 때의 주의사항
　① 시작과 끝을 확실하게 하도록 한다.
　시작도 시원찮게 시작하여 끝도 얼버무리듯 끝내면 좋은 작품도 빛을 발하지 못한다.
　② 클라이막스가 뚜렷해야 한다.
　뭔가 강렬하게 심어주려면 뚜렷한 클라이막스가 어린이들의 마음에 부각되도록 한다.
　③ Happy end로 끝나게 할 것
　불행한 끝맺음은 특별한 경우가 아니고는 하지 않는 것이 좋다. 어린이들에게는 행복한 결말이 좋다.
　④ 특별한 경우가 아니고는 상스런 말이나 더러운 욕을 넣어서는 안될 것이다. 또 청중에게 욕을 해서도 안된다. 이것은 금기이다.
　⑤ 기독교적인 내용이 결여된 인형극은 하지 않는 것이 좋다. 특히 옛날이야기 가운데 귀신, 도깨비 이야기, 용왕이야기, 산신령이야기 등은 결코 해서는 안된다.
　⑥ 신앙적 감화를 주어야 한다. 옛날 이야기나 우화이야기는 유치원에서 하는 것이 좋다. 교회에서는 말씀을 통한 신앙적 감화가 인형극 속에 내재되어야 할 것이다.
　⑦ 비교육적인 내용이나 어린이들의 정서에 해로운 장면은 넣지 않는다. 예를 들면 어린이가 어른에게 욕하며 대든다든지 간음, 잔인한 살인 등이다.
　⑧ 대사를 어린이들이 이해할 수 있는 문장과 언어로 만든다. 너무 긴 대사는 지루감을 주며 고차원적인 내용의 사상이나 신앙을 억지로 강요하듯 주입시키려고 해서는 안된다. 어린이들이 인형극의 내용을 통해 자연스럽게 감화를 받고 깨닫도록 하여야 한다.

⑨ 가끔 청중들에게 던지는 질문이 있어야 한다. 이 질문을 통해 어린이들을 인형극 안으로 끌어들여 인형극의 일원으로 동참시킬 수 있다.
예: ㄱ. 어린이 여러분, 천당이 있어요?
ㄴ. 어린이 여러분들 예수 믿으면 좋죠?
ㄷ. 얘들아 지금 저 녀석이 한 말이 사실이냐?…등, 대답이 "네!"와 "아니요!"로 나올 수 있는 당연한 질문이 되어야 할 것이며 지나치게 복잡하게 대답해야 할 내용은 삼간다.
예: ㄱ. 어린이 여러분, 예수는 왜 믿어요?
(대답이 여러 가지로 나올 수 있으므로 적합한 질문이 아니다).

⑩ 유모어와 윗트가 풍부해야 한다. 그러나 저속하고 난잡한 유우머는 불합당하다. 어린이들의 세계 속에 들어가면 아무 것도 아닌 것이 큰 흥미와 웃음을 유발한다는 것을 알게 될 것이다. 그러나 심각한 장면이나 구원에 관계된 내용 지옥의 고통 등 교리적인 내용을 접할 때에는 진지해야 할 것이다. 그러나 어린이들을 웃기는 것에 치우치다가 주제를 상실하고 감화력이 약화되는 일이 있어서는 안 될 것이다.

⑪ 그 때 그 때 필요한 소품이나 음악이나 음향효과로 극본 속에 표기해 놓고 연출시에 준비할 수 있도록 한다.

5. 인형극을 빨리 할 수 있는 몇가지 비결
① 인형극 전문가를 따라다니며 구경하라
② 구경하면서 녹음하여 가지고 10번 이상 들어라.
③ 각본을 보지말고 스토리를 상상하여 계속 연습하라
④ 인형을 사용하며 연습하라
⑤ 어린이들 앞에서 그대로 사용하라

(이런 방법은 정말 효과가 있다. 그래서 필자는 우리 선교회에 필자가 구연한 인형극 비디오테이프를 보급하고 있다. ☎ 765-8229)

100 교회 인형극 백과

대만 영화시에 있는 마약중독자 계도단체(진시회교회)에서 찬양집회시

함께 춤추며 찬양하는 마약중독자들(1990.8)

제3장
인형극의 연출방법

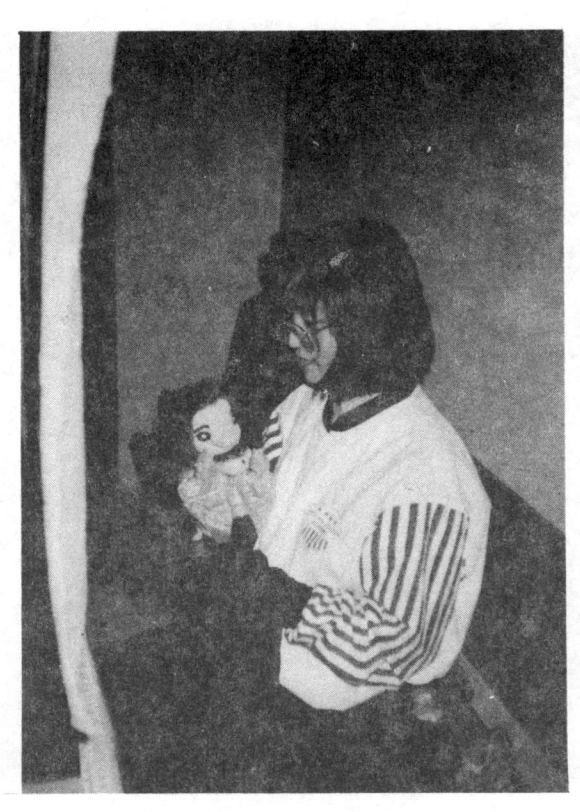

1. 성대묘사와 구연

성대 묘사와 구연을 혼동하는 사람이 있는데 그것은 확실히 알고 넘어가야 한다.

(1) 성대묘사: 이것은 목청과 성대 그리고 배, 혀, 입술등 즉 몸의 목소리내는 지체를 이용하여 다양하고 현실감 있는 목소리를 창조해 내는 과정이다. 성대묘사는 남자의 성대와 여자의 성대의 구조가 다르고 같은 남자, 같은 여자라도 그 목청과 성대의 구조가 다르므로 자기 스스로 자기 성대를 발견하여 목소리를 창출해 내야 한다.

그러나 필자의 경험으로 보면 약 세 가지로 대별(大別)할 수 있다.

1) 복화술: 이것은 배에 힘을 주고 목에 힘을 줌으로 목과 배를 딱딱한 악기와 같은 구조로 만들므로 목에서 나는 굵은 소리로 배를 울리게 하여 내는 성대 묘사이다. 기타줄의 소리는 극히 작을 지라도 기타의 통속을 울릴때 그 소리가 커지는 것과 같은 이치이다. 이 소리는 매우 굵고 찌렁찌렁 울리기 때문에 마귀, 할아버지 등의 성대묘사에 사용하나 힘이 들고 금방 목이 쉬기 때문에 많이는 활용할 수 없다.

2) 두번째는 평상시 음을 이용하여 만드는 방법인데 주로 성대만을 이용해 낼 수 있다.

3) 가성을 이용한 목소리

이 목소리는 남자가 여자 목소리를 낼 때 사용하는 가장 좋은 예이다. 그리고 짐승의 목소리나 새소리, 곤충의 소리 등을 흉내낼때 사용되는 음색이다.

그 외에도 입모양, 턱모양을 변화하여 많은 목소리가 만들어진다.

성대 묘사는 꾸준한 노력과 연습을 통해 자기 스스로 발견해야 한다.

2. 구연

구연은 성대묘사로 만든 목소리를 이용하여 실감나게 연기하는 것이다.
  (1) 목쉰듯한 목소리 - 병자, 거지
  (2) 떨리는 목소리 - 할머니, 할아버지
  (3) 간사한 목소리 - 간신
  (4) 부드러운 목소리 - 예수님, 선생님
  (5) 딱딱한 억양
  (6) 바보같은 목소리
  (7) 사투리 이용법
  (8) 빠른 템포의 언어
  (9) 느린 템포의 언어
  (10) 높은 음의 목소리
  (11) 낮은 음의 목소리
  (12) 슬픈 목소리
  (13) 명랑한 목소리
  (14) 음침한 목소리
  (15) 화난 목소리

구연은 마치 영화 배우가 표정과 제스추어, 언어를 통해 연기하듯 우리의 목소리를 가지고 사실과 다름없이 연기하는 것을 말한다. 성대묘사를 못해도 구연만 잘하면 효과있는 인형극이 되나 구연을 못하면 성대묘사가 훌륭해도 효과가 없는 것이다.

3. 연출 전에 주의 할 점.

인형극 연출 전엔 물론 준비 기도와 연극의 내용을 확실히 암기해야 할 것이나 각본의 어구어구 낱말에 구애되지 말고 주제와 내용과 전개 과정을 정확히 인지하는 것이 더 중요하다. 그래야 대사를 잊어 버려도 임기응변으로 이끌어 나갈 수 있기 때문이다.

① 인형틀을 어디 두는가? 최소한 인형틀은 어린이들의 눈 높이에서

20-30Cm 이상 올라가야 한다. 큰 교회에서는 4-50Cm 이상 위에 위치해야 뒤에서도 일어서지 않고 잘 본다.

그러기 때문에 성찬상을 강대상위로 올린 후에 상연하던지 성찬상이나 책상위에 2-300cm 높이의 받침대를 꼭 올려 놓아야 한다.

② 실내는 어떠해냐 하는가?

인형극은 조명효과가 중요하다. 그래서 조명이 살기 위해서는 주위가 어두운 것이 좋다. 그래서 낮에는 지하실에서 하는 것이 좋고 불은 다 끄고 인형극 조명만 살려둔다.

③ 의자.

공연자의 의자가 너무 낮으면 인형극 하는데 어렵고 너무 높아도 안 된다.

적당한 높이의 의자를 꼭 준비해 둔다.

④ 마이크

인형극 하기 전에 마이크를 꼭 보아야 한다. 인형극은 음성의 전달이 정확해야 하므로 앰프도 Trevell 을 높이고 Bass를 낮추는 것이 좋다.

마이크를 목이나 옷에 걸어서 손으로 잡지 않아도 되면 좋거니와 그렇지 않을 때는 옆에서 누군가가 손으로 마이크를 잡고 입에 대 주어야 한다.

⑤ 조명등 막의 오르내림에 고장이 없나 실험한다.
⑥ 어린이들의 위치 조정.

타이페이 한국교회에서 공연하는 필자(89. 6.30.)

어린이들이 인형틀에 너무 가까이 있으면 좋지 않다. 그리고 너무 옆에 있어도 좋지 않다. 다음과 같이 어린이들 위치를 조정한다.

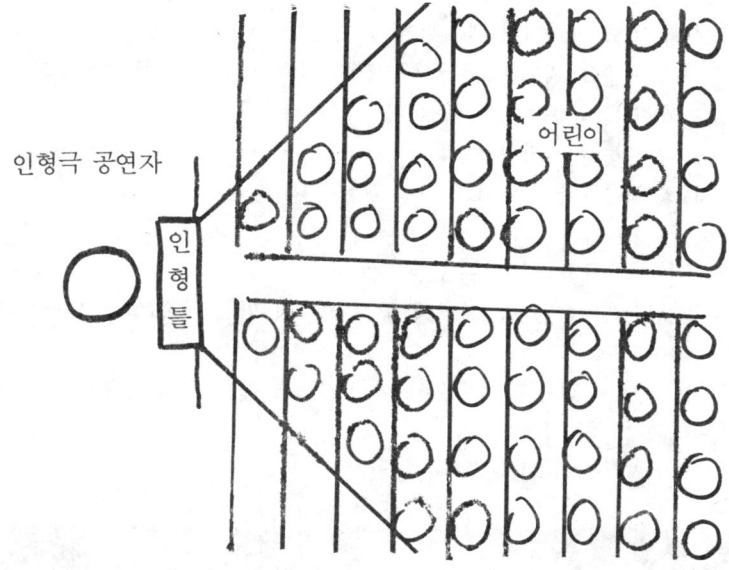

⑦ 떠드는 어린이에 대한 조치.
　인형극 중에 떠들거나 이리저리 돌아다니는 어린이가 있으면 곤란하다. 그래서 미리 경고를 해 두어 공연을 방해하는 어린이는 퇴장시킬 것이라고 선포해두고 협조를 당부함이 좋다. (실례적으로는 퇴장시키지 않더라도)
⑧ 분위기 준비.
　인형극 전에는 준비과정이 있으므로 준비하는 동안 찬송을 인도함으로 미리준비하는 마음을 갖게 함이 좋다.
⑨ 출연할 인형을 미리미리 꺼내놓아 배열해 놓아야 한다.
⑩ 음향효과와 음악을 미리 미리 준비해 놓고 사용해야 좋다.
　음악은 주로 찬송가 경음악을 틀면 무난하고 외국 경음악중 듣기

좋은 것을 이용할 수도 있으나 필자의 경험에 의하면 찬송가가 은혜롭다.

⑪ 앞으로 나와 인형극 연출자를 괴롭히는 어린이가 있으므로 미리 교사를 몇명 앞자리에 대기시켜 놓고 집중마크 해야 한다.

⑫ 교사들은 자기반 어린이들 곁에 (특히 말썽꾸러기 옆에_ 앉아 있으면서 떠들지 못하게 해야 한다.

⑬ 기도하고 시작한다.

⑭ 인형을 어린이들에게 미리 보여주지 말라.

4. 인형극 연출시에 중요한 것

① 인형의 등장시에 밑에서 쑥 올라가지 말고 양쪽 옆에서 걸어나오듯 나온다.

② 그냥 나오지 말고 무슨 말이든지 중얼거리며 (아! 날씨가 덥다) 혹 노래부르며 나온다.

③ 잠시동안이라도 공백이 있으면 안된다.

④ 인형극 연출시엔 늘 막에 뚫린 구멍으로 인형을 보면서 연출한다.
⑤ 도중에 손이 빠지거나 목이 빠져도 퇴장하지 말고 웃지도 말고 모른체 임기응변한다. (예: "잠깐! 신발끈좀 묶고!"하면서 밑으로 들어가서 해결하고 올라온다든지)
⑥ 인형이 나갈 때도 뒷걸음질 쳐서 나가지 말고 돌아서서 바로 나간다.
⑦ 가끔 어린이들에게 질문을 던지는 것이 좋다.
"어린이 여러분, 천국이 정말 있나요."등 그러나 너무 자주 질문하면 분위기를 망친다.
⑧ 인형이 어린이와 언쟁하는 일이 있어서는 안된다.
⑨ 어린이들에게 반말쓰거나 욕을 하면 안된다.
⑩ 연출중에 인형이 자꾸 기울어지기 때문에 조심해야 한다.
⑪ 인형이 말할 때는 반드시 인형의 입을 움직여야 한다.
⑫ 인형의 동작은 과장적이어야 한다. 그리고 절도 있게 끊어서 움직인다. 단순한 동작을 하지 말고 다양한 동작을 사용한다.
⑬ 음악이 적재적소에 나오고 꺼지게 하기 위해 발로 스위치를 조절할 수 있게 한다.

5. 인형극 연출 후

① 기도로 마무리 하라.
② 너무 설교조로 끝내려고 애쓰지 말고 내용으로 은혜받도록 하라. 기껏 좋은 연출을 하고도 설교로 마무리 지으려하면 사족(蛇足)이 된다.
③ 어린이들이 인형을 보기 전에 가방속에 넣어 정리한다. 어린이들이 우르르 앞으로 나오지 못하게 관리한다.
④ 인형은 습기찬 곳에 보관하거나 밀폐된 곳에 보관하면 곰팡이가 슬기 쉽다. 건조한 곳에 보관하는 것이 좋다.
⑤ 가능하면 인형극 실황을 녹음해 두었다가 후에 듣고 평가하는 것이 좋다.

필리핀 피스 실로 복음교회에서 필자는 영어로 공연하고 따갈로그어로 현지인 전도사가 통역하고 있다.(1990.12)

제4장
인형극을 통한 전도집회 운영

인형극은 너무 자주 해주지 않는 것이 좋다. 왜냐하면 너무 좋은 음식도 자주 먹으면 싫증이 나기 때문이다. 일년에 4-5번 많으면 7-10번 정도를 연출하되 매번 정성을 들이고 준비와 연습을 잘해야 한다. 왜냐면 아이들이 한번 인형극에 은혜 받으면 다음번 인형극도 기다리고 고대하지만 첫번 인형극에 실망하면 다음번에는 관심을 안갖기 때문이다.

대개 인형극 상연은 여름학교, 겨울학교, 부활절, 추수감사절, 성탄절 그리고 교회의 특별행사때 하는 것이 좋다.

1. 광고

어떤 연극, 영화든지 광고가 약하면 흥행에 성공할 수 없다. 인형극 집회도 그저 평범한 행사로 그치지 말고 잘 준비하고 잘 광고해야 한다.

① 주보광고

인형극 집회는 3-4주일 전부터 광고하되 매주 주보에 내므로 미리 기대하게 한다.

② 포스터

그림을 잘 그리는 교사는 미리 인형극의 제목과 내용의 일부를 포스터에 그리고 상연날짜와 시간을 상세히 기재하여 게시함으로서 기대를 갖게 한다.

(포스터의 예)

③ 인형극 집회 초대장

약 일주일전에 주일학교 어린이들에게 초대장을 나누어 준다. 초대장에 행운번호 (은혜번호라고 하는 것이 더 좋다.)를 기재하고 경품의 내용까지 기재한다. "또 관람료 2,000원! 그러나 본 초대권을 가지고 오는 어린이는 무료!"등을 써도 좋다.
 대중집회는 군중심리를 이용하지 않고 성공할 수 없다. 이런 여러가지 방법은 연출자로 더욱 성실히 준비하게 하고 성공적인 인형극을 상연하게 할수 있다.
(초대장의 예)

2. 전도

한번의 인형극 집회를 위해 교사는 여러번 노방전도를 나가야 한다. 그저 "교회에 가서 인형극 구경하자!"하는 말 한마디라도 좋다. 아이들은 물밀듯이 밀려올 것이다.

특히 탈인형은 노방전도의 필수품이다. 어린이들이 신기해 하는 탈인형을 머리에 쓰고 동네를 여러바퀴 돌면 아이들이 많이 딸려 오게 마련이다.

또한 사탕목걸이를 만들어 교회로 따라갈 어린이의 목에 걸어주는 것도 좋다. 또 초청장을 가지고 다니며 나누어 주며 교회로 인도한다.

3. 결신 및 사후관리

인형극을 통해 은혜받고 결심한 어린이는 교회에 남게 하여 각 반 담임에게 인계한 후 주소및 전화번호를 적게 한 후 주일날 교회에 나올 수 있도록 한다. 새로온 어린이에게 선물을 나누어 주어 즐겁게 해주는 것도 좋고 기존의 학생들과 다과회를 하기도 하고 오락을 하게도 한다.

혹 신입반을 신설하여 담임을 배정, 신입반 운영을 하기도 한다.

여러가지 방법으로 한번 교회에 들어온 어린이들을 빠져 나가지 못하게 그물을 쳐 놓은 것이 중요하다.

제 5 장
인형극본의 실제

여기 수록된 인형극본은 필자의 인형극 공연실황을 녹음, 편집한 것입니다. 비디오테이프를 필요로 하시는 분은 교회교육선교회로 오시면 구입할 수 있습니다.

교회 인형극 백과 121

두통이의 마음

나오는 인형 : 두통이
　　　　　　순이
　　　　　　선생님
　　　　　　욕심마귀
　　　　　　싸움마귀
　　　　　　욕마귀
　　　　　　거짓말마귀
　　　　　　예수님

122 교회 인형극 백과

제 1 막

제 1 막

(해설) 어느 마을에 두통이라는 나쁜 어린이가 살고 있었어요. 두통이는 엄마 아빠 속을 푹푹썩이는 나쁜 어린이였어요. 거짓말도 잘하고 도둑질, 욕질, 신경질, 싸움질 등 나쁜 짓은 누구보다 잘하는 어린이였어요.

두통이 : 아니, 애들이 왜 하나도 안보이는 거지? 오라! 알았다. 이놈들이 모두 교회로 갔구나. 흥! 나쁜놈들. 조직의 쓴맛을 보여주어야지. 옳지. 좋은 수가 있다. 여기 길에다 구덩이를 파는 거야. 그러면 놈들이 교회에서 나오다가 푹! 빠지겠지? 정말 멋진 계획이야. 아니! 여기 마침 삽이 있구나. 자, 땅을 파자. 영차 영차! 어휴! 힘들어. 역시 나이는 못속이는 것 같아. 젊었을 땐 안그랬는데, 어휴 힘들어. 자, 이제 다 됐다. 저기 숨어 있자. 앗! 누가 온다. 순이 아냐? 그래 순이야.

순 이 : 예수이름으로 예수이름으로 승리를 얻겠네! 악! 아야! 아야! 누가 이 구덩이를 여기다가 팠지? 흑흑! 어머! 무릎에 상처가 났네. 이를 어쩌면 좋아! 무릎에 흉터가 생기면 이담에 미스코리아 못나가는데 흑흑! 누가 이런 나쁜 짓을…

두통이 : 바로 나다! (갑자기 튀어 나온다)

순 이 : 어머! 깜짝이야. 어머! 너 두통이로구나! 나쁜 친구야! 이제보니 네가 이 구덩이를 팠구나? 그치?

두통이 : 그래 맞았다. 그런데 너 왜 그렇게 내 말을 안듣니?

순 이 : 무슨 말?

두통이 : 야! 내가 널더러 교회가지 말라고 몇번이나 가르쳐줬니? 교회는 바보 멍청이들이나 다니는 곳이라구!

순 이 : 아냐! 누가 그래. 그건 거짓말이야! 교회 다니면 얼마

나 좋은데 그래? 너도 교회 다니면서 예수 믿으면 모든 죄가 다 용서 받고 천국에 간단 말이야. (청중을 보며) 그렇죠 어린이 여러분? (네!)

두통이 : 웃기지마! 그건 거짓말이야. 천당이 어딨어?
순 이 : 있어!
두통이 : 없어. 이 바보야!
순 이 : (어린이들을 향하며) 어린이 여러분, 천국은 있지요?
두통이 : (어린이들을 향하며) 없어! 없어! 칫! 없는데.
순 이 : 너도 교회 안다니고 나쁜짓만 하면 나중에 어디가는지 알아?
두통이 : 칫! 알지. 알고말고.
순 이 : 어디 가냐? 말해봐
두통이 : 공동묘지!
순 이 : 뭐? 공동묘지? 아이 참 기가막혀서! 얘, 공동묘지가 뭐야. 지옥에 간단 말이야!
두통이 : 지옥? 그런게 어디있니? 지옥은 없어.
순 이 : 지옥이 왜 없니? (어린이들을 보며) 여러분! 지옥도 있죠?(네!) 거봐! 있대잖아!
두통이 : 지옥이 그럼 어떤 곳이니?
순 이 : 아주 뜨거운 곳이야.
두통이 : 목욕탕이냐? 뜨겁게…
순 이 : 뭐어? 아이 참. 목욕탕이 아니야. 지옥은 목욕탕보다 더 뜨거워!
두통이 : 그럼… 가스불이냐?
순 이 : 아이 참. 가스불이 아니야! 그럼 내가 한번 지옥이 얼마나 뜨거운지 보여줄께 잘 봐.
아이뜨거! 아이뜨거! 사람살려 사람살려! (막 뛴다)
두통이 : 너 어디 아프니? 돌았니? 얘가 아무래도 미쳤나봐!
순 이 : 미친게 아냐! 지옥이 이렇게 뜨겁고 무섭단 말이야. 그

러니까 너도 나쁜짓 그만하고 이제 교회다녀.
두 통 이 : 어쭈! 이게 정말 너 맞을래?
순   이 : 때릴테면 때려봐.
두 통 이 : 어쭈? 때리라면 못때릴 줄 알구? (팍!)
순   이 : 으앙! 왜 때리는 거야?
두 통 이 : 때리랬잖아?
순   이 : 난 네가 안때릴줄 알고 그랬지! 흑흑!
두 통 이 : 그러니까 이제 교회 나가지 마.
순   이 : 나갈 거야!
두 통 이 : 이게! (또 때린다)
순   이 : 으앙! 내가 동네북이야! 어쩜 연약한 여자를 이렇게 개 패듯 팰 수 있어? 정말 이런 기분 처음이야 흑흑!
(퇴장한다)
두 통 이 : 헤헤! 기분좋다. 역시 애들을 때려주는 일은 즐거운 일이야. (청중을 보며) 그렇죠, 어린이 여러분! (아뇨?)
앗! 저기 어른이 온다. 여기 숨자! 앗! 선생님아냐?
(밑으로 숨는다)
선 생 님 : 도대체 누가 우리 교회다니는 어린이들을 자꾸만 못살게 구는 것일까? (어린이를 향해)
어린이 여러분 누가 순이를 때렸죠? 두통이? 여러분! 두통이 못봤어요? 두통이가 어디 있지요? 뭐? 이 밑에 있다구? 아니 없잖아? 앗 저기 머리털이 보인다.야! 거기 숨은 두통인지 치통인지 빨리 나오라구! 앙?
두 통 이 : (조그만 목소리로) 야. 큰일났다. 큰일났어.
선 생 님 : 큰일나긴 뭐가 큰일나! 빨리 안나올거야?
두 통 이 : (작은 목소리로) 어떻게 하지?
선 생 님 : 나오면 돼지! 빨리 나와!
두 통 이 : 에라 모르겠다. 죽기 아니면 까무러치기다. (불쑥 나오며)
아니, 왜그래요. 제가 무슨 잘못을 했다고 그러세요?

선생님 : 아무 잘못도 안했단 말이냐?
두통이 : 안했어요.
선생님 : 내가 다 알아. 너 교회다니는 순이를 때려줬지? 또 여기에 구덩이도 파놓고 빠뜨렸지?
두통이 : 아뇨? 안그랬어요.
선생님 : 아니라고? (청중을 보며) 어린이 여러분, 두통이가 그랬어요. 안그랬어요? (어린들의 대답이 나오게 한다)
두통이 : (어린이들에게) 안그랬다!
선생님 : 안그러긴 뭘 안그래? 내가 다 알아!
넌 도대체 왜그래? 교회친구들이 뭐가 나쁘다고 매일 그렇게 못할게 구는거야?
두통이 : 교회친구들은 나빠요!
선생님 : 나쁘긴 뭐가 나빠?
두통이 : 나빠요! 나하고 안놀잖아요.
선생님 : 네가 나쁜짓만 하니까 안놀지!
두통이 : 내가 무슨 나쁜 짓을 해요?
선생님 : 너 매일 다니면서 친구애들 돈 뺏지?
두통이 : 아니예요! (조그만 목소리로) 시계도 뺏어요.
선생님 : 너 매일 남의 집에 들어가서 장독뚜껑 열고 오줌 싸놓지?
두통이 : 아니예요. (조그맣게) 똥도 싸요.
선생님 : 어휴. 더러워. 그리고 너 매일 남의 가게에 들어가 빵도 훔치고 과자도 훔치지?
두통이 : 아네요. 쵸코렛도 훔쳐요.
선생님 : 어휴. 내가 질렸다. 야, 도대체 네 마음속엔 무엇이 들어 있길래 그 모양이냐?
두통이 : 헤헤. 밥하고 김치요!
선생님 : 아니, 밥하고 김치?
그건 네 뱃속에 있는 거고 네 맘속에 무엇이 있느냐구!
두통이 : 마음속에요? 그걸 내가 어떻게 알아요?

선생님 : 내가 한번 네 맘속에 무엇이 있는지 보여줄까?
두통이 : 보여주세요. 보여주세요.
선생님 : 좋다. 그럼 날 따라서 해봐. 두손 모으고 (두손 모은다)
두통이 : 두손 모으고 (두손 모은다)
선생님 : 고개 숙이고
두통이 : 고개 숙이고 (뚝 떨어 뜨린다)
선생님 : 너무 많이 숙였어. (고개를 다시 들어 준다) 다시, 고개 숙이고,
두통이 : 고개 숙이고
선생님 : 하나님 아버지!
두통이 : 하나님 아저씨!
선생님 : (두통이 머리를 툭툭 치며) 야 임마. 하나님이 아저씨냐?
두통이 : 에이! 선생님 아버지면 나한테는 아저씨 아닙니까?
선생님 : 아유 골치야. 야 임마. 하나님은 온 세상을 만드시고 우리 들도 만드신 분이야. 우린 하나님의 아들들이라구!
두통이 : 알았아요. 형님.
선생님 : 뭐? 형님?
두통이 : 아니, 우리가 하나님의 아들들이랬잖아요. 그러니까 형님 이죠!
선생님 : 그래 그래. 다시 기도하자. 하나님 아버지 (두손 모은다)
두통이 : 하나님 아버지.
선생님 : 저의 마음속을 보여주세요.
두통이 : 선생님 마음속을 보여주세요.
선생님 : 야 임마. 너 지금 장난하니? 내마음을 뭣땜에 보여달래?
두통이 : 선생님이 금방 자기 마음속을 보여달랬잖아요.
선생님 : 그러니까 넌 그대로 따라서 해. 내가 널 대신해 기도하는 거야.
두통이 : 알았어요. 형님.
선생님 : 제 마음속에

두통이 : 제 마음속에
선생님 : 무엇이 들어 있는지
두통이 : 무시기가 들어 있는지
선생님 : 보여 주시옵소서.
두통이 : 보여 주시옵소사.
선생님 : 믿습니다.
두통이 : 미칩니다!
선생님 : (두통이를 때리며) 미치긴 뭘 미쳐.
두통이 : 미칩니다가 아녜요?
선생님 : 믿습니다! 야
두통이 : 믿습니다!
선생님 : 아멘!
두통이 : 아면!
선생님 : 아이고 두통이야! 아멘이야.
두통이 : 아멘!
선생님 : 정말 골치아픈 놈이로군.
  자, 그럼 눈을 감고 네 마음속에 무엇이 있는지 보자꾸나. 하나에서 열까지 세어 보아라. (퇴장)
두통이 : 쳇! 도대체 내 마음속에 무엇이 있다는 거야? 한번 카운트를 세어볼까? 하나! 둘! …… 아홉… 열!
  (조명이 어두워지며 욕심마귀 튀어 나온다)
욕심마귀 : 으하하하하!
두통이 : 너… 넌 누구냐?
욕심마귀 : 난 너의 마음속에 살고 있는 욕심마귀다!
두통이 : 욕… 욕심마귀? 그런데 왜 네가 내 마음속에 살고 있는 거야?
욕심마귀 : 너가 욕심이 많으니까. 넌 날마다 욕심부리고 남의 것을 빼앗고 훔치지?
두통이 : 안그랬어!

욕심마귀 : 오늘도 엄마 핸드백에서 100원 훔쳤잖아! 어젠 아빠 주머니에서 500원 훔치구!
두통이 : 그걸… 어떻게 알고 있지?
욕심마귀 : 내가 시킨 건데 내가 모르면 되나? 난 욕심이 많은 어린이가 제일 좋아! 으하하!
두통이 : 가! 난 너 싫어. 어서 꺼져!
욕심마귀 : 치. 안가. 난 이곳 너의 마음이 좋아. 여기서 영원히 살고 싶어. 난 네 마음속으로 들어갈꺼야!
(두통이 마음속으로 들어간다)
두통이 : 안돼! 내 맘속에 들어오면 안돼! 아 어떻게 하지? 내 마음속엔 저렇게 무서운 마귀가 살고 있을 줄이야. 아. 정말 무서워. 그러나 이번엔 좋은 것이 들어 있겠지. 다시한번 보자. (카운트)
싸움마귀 : 으핫핫핫!
두통이 : 앗! 넌 누구냐?
싸움마귀 : 난 너의 마음속에 살고 있는 싸움마귀다. 넌 날마다 신경질을 부리고 친구들을 때려주고 싸우지?
두통이 : 화가 나니까 그렇지!
싸움마귀 : 그래. 난 너같이 화 잘내고 신경질 잘 부리는 어린이가 좋단말야. (청중을 보며)
여러분들도 싸움 잘하죠? (아뇨!)
그래? 난 두통이가 제일 좋다. 싸움을 잘하니까. 호호호.
두통이 : 가! 어서 가!
싸움마귀 : 싫어! 난 너의 마음속으로 들어갈거야!
(두통이 마음속으로 들어간다)
두통이 : 엉엉엉! 이게 뭐야. 내 마음속에 뭐 저런 무서운 마귀가 살고 있는 거야? 정말 무서워. 우째 이런 일이…
아냐. 다시 한번만 더 보자. 하나… 둘…… 일곱… 아홉, 열!

욕마귀 : 으하하하 !
두통이 : 악 ! 너는 뭐야 ?
욕마귀 : 난 네 마음속에 사는 욕마귀다. 넌 날마다 친구들에게 욕을 하고 더러운 쌍소리만 하지 ?
두통이 : 안그랬다 ! 쌍놈아 !
욕마귀 : 지금도 욕했잖아.
두통이 : 안했다. 개놈아 !
욕마귀 : 또 욕했네 ? 그래. 그래 그렇게 욕을 많이 해라. 그래야 나하고 친구가 되지 ! (청중을 보며) 어린이 여러분들도 욕잘하죠 ? (아뇨 !) 난 두통이처럼 욕 잘하는 어린이가 좋아. 하하하. (두통이 마음속으로 들어간다)
두통이 : 안돼 ! 내 맘속에 들어가면 안돼 ! 아. 내맘속엔 정말 나쁜 마귀들만 있구나. 아냐. 다시 한번만 보자. 이번만은…
(카운트)
거짓말마귀 : 히히히 !
두통이 : 누. 누구야 !
거짓말마귀 : 난 거짓말 마귀다 ! 너의 마음속에서 날마다 거짓말을 했지.
두통이 : 가 ! 난 거짓말 안해 !
거짓말마귀 : 안해 ? 난 다 알아. 날마다 거짓말 하는 것. 날 속이려 해도 소용없어.
두통이 : 가 ! 가란말야 ! 미워 !
거짓말마귀 : 으하하하하 ! -난 너같은 거짓말장이가 좋아 !
(두통이 마음속으로 들어간다)
두통이 : 안돼 ! 내 마음속에 들어가면 안돼 !
아. 정말 어쩜 좋아. 내 마음속엔 못된 마귀로 가득 차 있었어. 난 이러다간 지옥에 갈거야. 잔 지옥가기 싫어 ! 흑흑 지옥가기 싫어 ! 엉엉 ! (흐느껴운다)
(이때 선생님 나타난다)

선생님 : 두통아. 왜 울고 있지?
두통이 : 선생님. 저를 용서해 주세요. 제가 잘못했어요. 전 지옥에 가기 싫어요. 마귀를 제 마음속에서 쫓아 보내 주세요! 네? 선생님!
선생님 : 그래. 이제야 네 마음속을 깨달았구나. 그래. 하나님도 기뻐하실거야. 자. 너는 구원을 받고 싶지?
두통이 : 네! 절 구원해 주세요.
선생님 : 그럼 예수님께 기도하는 거야. 예수님은 너의 죄를 위해 십자가에 못박혀 돌아가신 하나님의 아들이란다.
두통이 : 하나님의 아들이 왜 저같은 죄인을 위해 죽으셨어요?
선생님 : 하나님은 사랑이시니까. 하나님은 너를 너무 사랑하신단다.
두통이 : 이제까지 절 사랑하는 사람은 없었어요. 엄마 아빠도 날 귀찮아하고 친구들도 날 미워해요.
선생님 : 그러나 하나님은 널 사랑하신단다.
두통이 : 선생님. 잘못했어요. 저의 모든 죄를 용서해 주세요. 이제 다시는 죄를 짓지 않겠어요.
선생님 : 그래. 그래 기도하자. 우리 같이 기도하자.(기도를 한다) 하나님. 이제 부터 두통이는 새사람이 되기로 작정했어요. 이제 두통이의 모든 죄를 용서하시고 악마에게서 구해 주시옵소서. 예수님의 이름으로 기도드립니다. 아멘.
두통이 : 예수님. 잘못했어요. 저의 모든 죄를 용서해 주세요. 저는 이제 주님을 저의 구주로 영접합니다. 저를 구원해 주시고 내 맘속에 들어와 주세요. (회개한다)
예수님 : 두통아! 두통아! (목소리만 들린다)
두통이 : 누. 누구세요?
예수님 : 나는 너의 구주 예수 그리스도이니라.
두통이 : 예수님요? 어디계셔요. 예수님?
예수님 : 나는 너의 마음속에 와 있다.
두통이 : 앗! 예수님이… 내 마음속에… (예수님이 나타난다)

앗! 예수님!

예수님 : 두통아! 놀라지 말라. 나는 너의 위해 죽은 하나님의 아들 예수님이다.

두통이 : 예수님. 저는 죄가 많아요. 저의 죄를 용서해주세요.

예수님 : 두통아. 네가 너의 죄를 회개하고 나를 영접했으니 너는 하나님의 아들이 되었단다. 두통아. 늘 하늘나라가 너의 것이다.

두통이 : 하늘나라요?

예수님 : 그렇다. 두통아. 너는 이제 하나님의 아들이 되었다. 너는 영원한 천국에 들어갈 수가 있단다.

두통이 : 예수님. 고마워요. 저는 이제부터 죽을 때까지 교회에 다니며 예수님을 잘 믿겠어요! 예수님!

예수님 : 그래! 오늘부터 열심히 교회 잘 다니고 하나님을 잘 섬기도록 해라. (퇴장)

두통이 : 네!·(청중을 보며) 어린이 여러분! 저는 이제부터 교회 잘 다니는 착한 어린이가 될 거예요. 여러분들도 교회 잘 다니실 거죠? (네!) 자. 어서 교회 가야지. (퇴장한다)

(해설) 이리하여 두통이는 그날 모든 죄를 용서받고 교회를 잘 다니는 어린이가 되었답니다. 어린이 여러분들도 두통이처럼 착한 어린이가 되려면 모든 죄를 회개하고 새사람이 되어야 해요. 여러분! 예수를 믿으세요! 감사합니다!

(막이 내린다)

교회 인형극 백과 133

순이와 어머니

나오는 사람 : 순이
　　　　　　심술이
　　　　　　짱구
　　　　　　마귀
　　　　　　어머니
　　　　　　선생님

제 1 막

제 2 막

제 1 막

(해설) 어느 마을에 순이라는 소녀가 살고 있었어요. 순이는 정말 착한 어린이였어요. 그러나 순이는 교회에 나가지 않았아요. 왜냐구요? 순이네 엄마는 산신령을 믿는 무당이었기 때문이에요. 그래서 순이를 교회에 나가지 못하게 한 거예요. 그래서 순이는 교회에 나갈 수가 없었던 것입니다. 그러나 순이는 교회를 다니고 싶었어요.

순 이 : 흑흑~ 나도 교회 다니고 싶어. 흑흑~ 나도 예수님 믿고 싶어. 다른 어린이들은 전부 교회에 다니는데 나만 못다녀. 흑흑~ 나도 교회 다니고 싶단말야! 흑흑흑~ 근데 우리 엄마가 날 교회 나가지 말래! 우리 엄마는 예수님이 싫대. 왜 엄마는 예수님을 싫어할까?
(청중을 보며)여러분! 여러분들도 예수님 싫어요?(아니요!) 근데 엄만 이상해. 정말 이상해.
심술이 : 예수님이 말씀하시니 (노래를 부르며 나온다)
어? 너 누구야?
순 이 : 어! 심술이!
심술이 : 아니 너는 무당딸 순이 아냐? 야! 너 여기 뭐하러 왔어?
순 이 : 아… 아무것도 아냐!
심술이 : 아무것도 아니긴! 너 애들 신발 훔치러 왔지?
순 이 : 아니야!
심술이 : 뭐가 아니야! 지난 주에도 애들 신발 두켤레 잃어버렸어. 네가 훔쳐갔지?
순 이 : 아니야. 사실은… 나도 교회 다니고 싶어 심술아.
심술이 : 뭐? 교회?
순 이 : 응!

심술이 : 야. 웃기지 말라. 교회는 아무나 다니는 건줄 아니?
순　이 : 아무나 다니는 거 아냐?
심술이 : 얘가 아직 뭘 모르네. 야 야. 교회는 너같은 애는 다니면 안돼.
순　이 : 왜?
심술이 : 넌 못생겼잖아. 교회는 나같이 잘생긴 아이만 다니는 거야.
　　　　(청중을 보며) 그렇죠. 어린이 여러분?
　　　　(아니요) 아니긴 뭐가 아니야!
　　　　그리고 교횐 너같은 가난뱅이는 안돼!
순　이 : 왜?
심술이 : 교회는 우리같이 돈많은 부자만 다니는 거야.
　　　　(청중을 보며) 그렇죠 어린이여러분?
　　　　(아뇨?) 아니긴 뭐가 아냐!
　　　　그리고 너네 엄마가 교회 안다니고 귀신믿지?
순　이 : 응!
심술이 : 그러면 교회 다니면 안돼!
　　　　너도 엄마가 믿는 걸 믿어야 해.
순　이 : 난 귀신 싫어.
심술이 : 싫어도 부모님신앙을 따라야 해. 혼자만 예수 믿으면 불효자식이야. (청중을 보며) 그렇죠 어린이 여러분? (아뇨!) 요런 불효막심한 놈들!
　　　　그러니까 넌 앞으로 귀신믿고 훌륭한 무당이 되어야 해 알았지?
순　이 : 싫어!
심술이 : 싫어도 해야해! 그것이 너의 운명이야. 아! 기구한 운명의 장난이로구나! 자, 난 간다!
순　이 : 으흐흐흐흐흑~ 엄마는 바보야! 으흑~ 엄마는 왜 하필이면 무당이 된거야! 어흐~ 시장에 가서 떡볶이 장사나

하지 어흐흐~ 차라리 시장에 가가지고 빈대떡 장사나 하지! 왜 무당이 된거야! 우리 엄마는! 으흐흑~ 난 무당 싫단말야! 싫어! 싫어! 정말 싫어! 어흐흐~

짱 구 : (찬송가) 나는 주님을 사랑해! 나는 주님을 사랑해~ 주님을 사랑해요! 어! 누가 여기서 울고있지!

순 이 : 어흐흑~

짱 구 : 어! 누구지! 어디서 많이 보던 어린이 같은데! 누굴까? (얼굴을 살펴본다.)

순 이 : 어흐흐흑~

짱 구 : 어! 순이 아냐? 순이야!

순 이 : 어! 짱구!

짱 구 : 순이야! 너 여기서 뭐하는거야? 어 알았다! 너 교회 다니고 싶어서 여기왔지? 가자! 나하고 같이 교회가자!

순 이 : 나는 교회다니면 안된대!

짱 구 : 어? 누가 그래?

순 이 : 심술이가 그랬어. 난 얼굴이 못생겨서 안된대.

짱 구 : 뭐? 아냐. 그건 거짓말이야. 교회는 잘생긴 아이나 못생긴 아이나 다 다닐 수 있는 곳이야. (청중을 보며) 그렇죠 어린이 여러분!

순 이 : 그리고 난 가난해서 안된대.

짱 구 : 에이. 그건 정말 거짓말이야. 교회는 돈많은 사람이나 가난한 사람이나 다 다닐 수 있는 곳이야. (청중을 보며) 그렇죠 어린이 여러분! (네!)
거봐! 그렇다잖아!

순 이 : 우리 엄마가 귀신 믿는데도?

짱 구 : 괜찮아! 엄마가 예수님 안믿으니까 너라도 믿어야지.

순 이 : 넌 나 싫지 않니? 난 무당집 딸인데.

짱 구 : 괜찮아. 예수님은 온 세상 모든 사람들은 사랑하신다고

말씀하셨어. 너의 엄마도 예수님만 믿으면 하나님의 딸이 될 수 있단 말야.
순 이 : 정말 그런 일이 있을 수 있을까?
짱 구 : 그럼! 그리고 네가 먼저 예수님 믿고 엄마를 위해 기도 해야돼.
자. 어서 교회가자.
순 이 : 하지만, 나 교회못가. 무서워!
짱 구 : 무섭긴 뭐가 무서워? 예수님이 널 잡아먹냐? 무섭게.
순 이 : 어흐흑~ 그게 아니구 교회를 가면 우리 엄마가 날 때린 단말야 어흐흐흑~
짱 구 : 괜찮아!
순 이 : 뭐가 괜찮아!
짱 구 : 때리면 맞으면돼!
순 이 : 뭐? 안돼!
짱 구 : 뭐가 안돼? 좀 맞지!
순 이 : 우리 엄마는 무지막지하게 때려!
짱 구 : 아니 어떻게 때리는데!
순 이 : 야구빳다로 막 때려.
짱 구 : 어! 야구빳다? 아휴! 진짜! 괜찮아! 좋은수가 있어!
순 이 : 뭔데?
짱 구 : 몰래 나오면돼!
순 이 : 몰래?
짱 구 : 그래! 너 새벽에 시간있지? 새벽에 몰래 일어나서 교회 나오란 말야! 새벽기도 다니면 되잖아!
순 이 : 새벽에?
짱 구 : 그래!
순 이 : 어휴! 엄마가 "어디 가느냐" 그러면 뭐라고 해?
짱 구 : 변소간다그래! 야, 그리고 너 낮에, 낮에도 교회나와!

순   이 : 엄마가 어디가느냐고 물으면 뭐라고 해?
짱   구 : 화장실 간다그래! 그리고, 저녁에도 나와! 깜깜한 밤에, 교회가서 몰래 기도하고!
순   이 : 엄마가 어디 가느냐고하면 뭐라고해?
짱   구 : 뒷간에 간다고해!
순   이 : 변소가 화장실이고, 화장실이 뒷간 아냐!
짱   구 : 그런가? 참 그렇구나!
순   이 : 아이참! 그래도 안돼! 아무리 몰래 다녀도 우리 엄만 다 알아!
짱   구 : 어떻게? 어떻게 다 알아?
순   이 : 우리 엄만 쪽집게 무당이야! 내가 만화가게 갔다와도 우리 엄만 다 알고, 내가 전자오락실 갔다와도 우리 엄만 다 알아! 그속에 있는 귀신이 다 우리 엄마한테 가르쳐 준단말야!
짱   구 : 뭐? 그렇다면 방법이 있지!
순   이 : 무슨 방법?
짱   구 : 예수님께 기도하는 거야. 너의 엄마속에 있는 그 귀신을 쫓아버려달라고 기도하는 거야.
순   이 : 기도하면 돼?
짱   구 : 그럼! 우리가 예수님의 이름으로 기도하면 예수님이 들어주신댔어. (청중을 보며) 그렇죠 어린이 여러분! (네!) 자! 나를 따라 해봐. 두손 모으고.
순   이 : 두 손 모으고
짱   구 : 예수님!
순   이 : 예수님!
짱   구 : 우리 엄마 마음속에
순   이 : 우리 엄마 마음속에
짱   구 : 귀신을
순   이 : 귀신을

짱 구 : 쫓아버려 주세요.
순 이 : 쫓아버려 주세요.. 아니, 정말 이러면 귀신이 쫓겨나니?
짱 구 : 그럼 쫓겨나지!
순 이 : 그럼 예수님이 최고로 높은 신인가 보다!
짱 구 : 예수님은 하나님의 아들이야! 온 천지를 만드신 분이라구! 예수님보다 더 좋은 신은 세상에 아무도 없어.
순 이 : 그러니까, 예수님은 귀신을 쫓아낼 수 있단 말이지?
짱 구 : 그럼! 어린이 여러분, 예수님은 귀신을 쫓아버릴수가 있죠? (어린이들 대답한다) 거봐!
순 이 : 그럼 나도 이제부터 예수님만 믿을 거야. 이제 귀신에게 절도 안 할거야.
짱 구 : 자 어서 빨리 교회가자.
순 이 : 그래!
짱 구 : 날따라와!
순 이 : 응!

(해설) 이리하여 그날부터 순이는 교회를 다니게 되었어요. 순이는 그날 교회를 갔을때에, 선생님으로부터 선물을 받았어요. 무슨 선물이었을까요?

선생님 : (청중을 보며) 어린이 여러분! (네!)
　　　　오늘 우리교회에 새 친구가 왔어요. 누군지 아시죠? (네!) 우리 순이 친구예요. 순이가 나올때 다같이 박수 쳐주세요! (네!) (순이 나온다) (박수 소리)
　　　　자, 오늘 처음 나온 순이는 정말 교회 나오기 힘든 어린이지만 용기있게 나왔어요. 그래서 선생님은 순이에게 선물을 하나 준비했어요. 바로 성경책이예요. 자, 내가 순이에게 성경을 줄때 모두 힘찬 박수를 부탁해요! (박수소리)

순 이 : 고마워요. 선생님. 앞으로 무슨 일이 있어도 예수님 잘 믿
　　　　겠어요.
선생님 : 그래. 순이야. 용기를 가져라. 그리고 이 성경책을 늘 읽
　　　　고 힘을 얻어야 해. 이 성경책은 바로 하나님의 말씀이
　　　　란다.
순 이 : 감사합니다. 잘 읽겠어요.(인사한다)
선생님 : (청중을 보며) 여러분들도 꼭 성경을 잘 읽는 어린이들이
　　　　되셔야 해요. 만화책이나 잡지책 많이 읽지 말고 성경을
　　　　읽읍시다. 알았지요? (네!)
　　　　자, 그럼 순이야. 어서 들어가 예배를 드리자.
순 이 : 네! (퇴장한다.)

(해설) 이렇게하여 순이가 열심히 교회를 다니게 되었는데, 예수님을 아주 싫어하는, 마귀는 순이 엄마를 괴롭히기 시작했어요. 순이는 날마다 귀신을 쫓아내달라고 하나님께 기도했기 때문에, 순이 엄마의 몸에 병을 갖다주었어요. 그래서 순이 엄마는 온몸에 병이 생겼어요. 그래서 막, 아프고, 가렵고, 쓰리고, 괴로운 병이, 순이 엄마에게 생겼어요.

제 2 막

엄 마 : 이상하다! 이상해! 아니 어떻게 된거야! 내몸이 왜 이렇게 자꾸만 쑤시고, 아프고 저리고, 쓰라리고, 아휴! 이제, 우리 신령님이 날 떠나셨나! 요새는 어떻게 굿을 할래도 신이 내리지 않으시니, 어떻게 된거야! 아휴! 이거 큰일났다! 도대체 누구 때문일까?(청중을 보며) 너희들 때문이지? 그지? 아냐? 그러면 누구 때문이야? 혹시 순이 때문이 아닐까?
어린이 여러분! 혹시 순이때문에 그런것이 아니에요? 그런데 요년이 요즘에 와가지고서 내눈치도 슬슬 살피고, 우리 신령님한테 절을 하라고 해도 절도 한번 하는 일도 없고! 아무래도 무슨 일이 있는 것이 틀림없어! 홍! 들어오기만 해보라! 내가 기어이 모든 원인을 밝혀내고 말꺼야? 어! 마침 학교에서 오고 있구나! 여기 숨어있자!

순 이 : 예수님이 말씀하시니, 물이 변하여 포도주됐네, 예수님이 말씀하시니, 물이 변하여 포도주됐네(찬송가)

엄 마 : 이년!

순 이 : 어!~ 어!~ 깜짝이야! 어!~ 엄마…

엄 마 : 너 지금 부른 노래 어디서 배운 노래야?

순 이 : ……

엄 마 : 빨리 말해! 누구한테 배웠어! 어디가서 배웠어?

순 이 : 교회가서 배웠어요.

엄 마 : 교회? 아이구 아이구 이제 우린 망했다! 이것아 내가 교회가지 말라고 했잖아. (마구 때린다.)

순 이 : 그렇지 않아요. 엄마. 엄마는 귀신에게 속고있는 거에요. 귀신을 믿으면 지옥가요. 온 세상을 만드신 분은 오직 하나님 한분 뿐이에요. 엄마, 엄마도 이제 하나님을 섬기세

요. 그리고 하나님께서 우리에게 보내주신 그리스도 예수님을 믿으세요.

엄 마 : 요년이 어느새 전도사가 됐나? 너좀 죽어봐라! (마구 때린다.)

순 이 : 엄마, 아무리 때려도 괜찮아요. 그러나 예수믿어야 천국가요. 엄마, 예수믿으세요.

엄 마 : 시끄러. 배은망덕한 년. 다시 말해봐. 너 교회 다닐거야. 안다닐거야?

순 이 : 다닐거예요.

엄 마 : 요년! 그래도 요것이? 에잇! (때린다)

순 이 : 앗! 아~ (계속 때린다) 아~

엄 마 : 교회 다닐거야? 안다닐거야?

순 이 : 엄마가 뭐래도 전 예수님 믿을 거예요..

엄 마 : 아니 그래도? (또 때린다) 그래도 다녀?

순 이 : 다닐 거예요.
　　　엄마! 엄마! 엄마, 귀신 믿지말고 하나님 믿어야 천당에 가요. 귀신 믿으면 지옥에 가는 거예요.

엄 마 : 아이구! 이거, 안되겠다. 아무래도 이거 못된 귀신이 붙은게 틀림없어! 아니, 이게 뭐야! 아니, 이게 웬 성경책이야? (뺏는다)

순 이 : 어! 엄마, 그건 안돼요!

엄 마 : 이 성경책을 당장가서 불질러 버려야겠다.

순 이 : 안돼요! 성경책 불지르면 벌받아요!

엄 마 : 시끄러! 성경책을 불지르는데, 왜 벌을 받아! 빨리 이 귀신붙은 책을, 빨리가서 불질러야, 너한테서 귀신이 물러나는거야! (청중을 보며) 그렇죠 어린이 여러분! (아뇨!)

순 이 : 어! 엄마! 엄마 안돼요!

엄 마 : 안되기 뭣이 안돼? (나간다)

순 이 : (음악이 흐르며) 엄마! 안돼요! 성경책을 태우시면 안돼요! 하나님! 우리 엄마 마음속에 있는 못된 귀신을 쫓아내 주세요. 우리 엄마를 괴롭히는 못된 마귀를 물리쳐 주세요. 흑흑!
(이때 갑자기 귀신이 나타난다.)
귀 신 : 안돼! 기도하면 안돼!
순 이 : 앗! 너는 누구냐?
귀 신 : 나는 이십년전부터 너의 집에 살고 계시는 신령님이시다!
순 이 : 귀… 귀신이로구나!
귀 신 : 이런 무식한 것 같으니라구! 귀신이 뭐냐! 신령님이지!
순 이 : 아냐! 귀신이야!
귀 신 : 신령님이야! (청중을 보며) 어린이 여러분! 나 신령님이죠? (청중 -아니요-) 뭐, 아니라구? 자, 다같이 따라 해봐요! 신령님! (귀신!) 신령님! (귀신!) 으이그! 안속는구나 안되겠다! 네이년! 한마디로 묻겠다! 너는 네 엄마가 더 귀하냐. 아니면 예수가 더 귀하냐?
순 이 : 뭐?
귀 신 : 만일 네가 계속 교회를 다닌다면 나는 네 엄마를 병들어 죽게 하겠다! 그래도 괜찮아?
순 이 : 안돼!
귀 신 : 그러면 예수님을 믿지 않겠다고 약속해! 네가 만일 내 말만 잘 들어도 너는 이담에 돈잘버는 유명한 무당이 될 수 있어. 점 한번 쳐주고 오만원씩 받아먹고 굿한번 하고 100만원씩 받아먹는 고급 무당이 된단말야!
순 이 : 싫어! 꺼져!
귀 신 : 그러면 너는 엄마보다 예수가 더 귀하단 말이야!
순 이 : 그래!
귀 신 : 이런 불효막심한 것!
순 이 : 안되겠다. 예수님께 기도하자! (기도를 한다) 오 주님

저 마귀를 쫓아 버려주세요! 믿습니다! 주여…
귀 신 : 앗! 기도하면 안돼지! 가서 기도를 못하게 목을 졸라 죽여 버려야지! (가까이 가서 목을 조르려고 할때)
순 이 : (크게) 주여!
귀 신 : 아이구머니! (도망친다) 아이고 간 떨어질뻔 했다.
순 이 : (기도) 주여! 저 귀신을 쫓아버려주세요!
귀 신 : 안되겠다! 기도를 못하게 가서 눈을 찔러 버리자! (가까이 간다)
순 이 : (크게) 예수님!
귀 신 : 애고 애고! (도망친다)
순 이 : 주여! 저 귀신을 쫓아버려주세요!
귀 신 : 안되겠다! 기도를 못하게 코를 비틀어버리자! (가까이 간다)
순 이 : (크게) 주여!
귀 신 : 악! (도망친다) 애고 애고 힘빠져 이제 나는 망했다.
순 이 : (일어나 귀신을 마주본다)
귀 신 : 아이고 나좀 살려다오.
순 이 : 예수님의 이름으로 명하노니 더러운 귀신아 물러가라!
귀 신 : (팔팔 뛰며) 아이고 무시라! 여기서 나가라고? 애고애고 여기서 나가면 어디로 가나? (청중을 보며) 여러분! 여러분집으로 갈까요? (일동-아니요!) 그러면 선생님들 집으로 갈까요? (일동-아니요!) 애고 애고 그럼 어딜 가란 말이냐? 뭐 지옥? 지옥은 뜨거워요! (순이를 보며) 순이씨! 제발 한달만 여유를 주세요. 한달있다 나 갈께요!
순 이 : 당장 나가!
귀 신 : 애고애고 나간다! 더러워서 나간다! 잉잉! (퇴장)
순 이 : 오 하나님! 감사합니다. 더러운 귀신을 쫓아버려주셔서 감사합니다. (이때 엄마가 비틀거리며 들어온다)

엄 마 : 애고애고 순이야 내 모가지와 내 팔이 왜 이러냐?
순 이 : 어 엄마. 왜 그러세요?
엄 마 : 애고 내 모가지가 삐뚜러지고 팔이 움직여지지가 않는구나.
순 이 : 엄마! 성경책 어쨌어요?
엄 마 : 불태웠지! 잘 타더라!
순 이 : 거봐! 엄마가 성경책을 불로 태워서 하나님께 벌받은 거야! 엄마 큰일났어!
엄 마 : 뭐? 하나님께 벌을? 애고 애고 나는 망했다. 어쩌면 좋노? 순아 어쩜 좋으니?
순 이 : 엄마! 지금이라도 늦지 않았어. 하나님께 잘못을 빌고 교회 나가는거야!
엄 마 : 아이고 교회다니면 신령님께 벌받는단 말야!
순 이 : 엄마 그건 귀신이야! 내가 예수님 이름으로 쫓아버렸어!
엄 마 : 뭐? 네가 우리 신령님을? 아니 그러면 네가 신령님보다 더 세단 말이냐?
순 이 : 누구나 예수님을 믿으면 귀신을 이겨요!
엄 마 : 아이고 그런 멍텅구리 귀신을 이제까지 내가 믿고 있었으니 내가 축복을 못받았지. 순이야 이제 부터 내가 예수님을 믿겠다. 나좀 고쳐다오.
순 이 : 내가 기도해드릴께요. 엄마. (순이. 엄마를 붙들고 기도한다) 하나님. 우리 엄마 팔을 낫게해주세요! 주님의 능력으로 고쳐주세요. 믿습니다!
엄 마 : 자 잠깐! (손을 움직이며) 팔이 나왔다! (목을 움직이며) 내목도 나왔다! 순이야! 네가 믿는 예수신은 진짜 신이로구나! 나도 이제 부터 너믿는 예수신을 믿고 교회 다니겠다. 자! 지금 가자! 교회로!
순 이 : 엄마! 정말이지?
엄 마 : 그래, 나도 그 무당하기 지겨웠다. 이제 참 신을 찾았으니 나는 영원히 예수님만 섬기리라! 할렐루야!

순 이 : 엄마! (엄마품에 안긴다)
엄 마 : 순이야 이제까지 엄마가 잘못했다. 나도 이제부터 무당다 때려치고 사람답게 살아볼란다. 자, 어서 교회가자!
순 이 : 네! 빨리 교회가요. (청중을 보며) 어린이 여러분! 어느 교회로 갈까요? (×× 교회요!) 네! 엄마. ××교회로 빨리가요! (퇴장)
(막이 내린다.)

필리핀 목회자 인형극 세미나 때(1993. 12)

인형을 만들고 기뻐하는 필리핀 목회자들

교회 인형극 백과 149

짱구의 믿음

나오는 사람 : 짱구
　　　　　　선생님
　　　　　　마귀
　　　　　　마귀부하
　　　　　　아빠

제 1 막

제 2 막

제 1 막

　어느 마을에 짱구라는 어린이가 살고 있었어요. 짱구는 교회도 안다니고, 날마다 나쁜짓만 하는 어린이였어요. 특별히 짱구는 교회를 싫어했어요.

짱　구 : 아이 심심해 ! 애들 다 어디갔어 ! 또 교회갔구나 ! 내가 교회에 가면 안된다고, 내가 일곱번이나 얘기했는데도, 말들을 안들어 ! 가만있자 오늘도 여기서 노래를 부르자 ! 교회 예배 못드리게 ! 무슨 노래를 부를까 ? 옳지, 좋은 노래가 있지 ! (유행가를 부른다) 이건 수준이 너무 낮아 ! 수준 높은 노래 부르자 ! 이태리의 오페라 ! 푸치니의 가곡 나비부인을 부르자 !
"나비야 나비야 이리 날아 오너라. 노랑나비, 흰나비, 빨리 날아오너라 !" 이건 수준이 너무높아 ! 옳지 ! 좋은 수가 있지 ! 그 유명한 노래르 부르자 !
뚬바떼 뚬바 뚬바떼 뚬바 알레알레히―
헤이 뚬바 뚬바떼 뚬바떼―

선생님 : 네이놈 ! (짱구의 머리를 때린다)
짱　구 : 아야 ! 아저씨 누구예요 ?
선생님 : 너 도대체 누구야 ?
짱　구 : 짱구요.
선생님 : 짜장면 ?
짱　구 : 아니, 짱구요.
선생님 : 짱구 ! 그런데 밖에서 똥을 왜 봐 ?
짱　구 : 언제 내가 똥을 봤어요 ?
선생님 : 네가 금방 똥봐 똥봐 그랬잖아 ?
짱　구 : 내가 언제 그랬어요 ? 뚬바떼 뚬바 그랬죠.
선생님 : 아니 그것도 노래냐 ?
짱　구 : 명곡이예요.

선생님 : 아이구! 이녀석아! 노래 못부르는 놈이 시끄럽게 교회 앞에서 무슨 노래야! 예배를 드리는데, 여기서 날마다 노래를 부르면 되니? 그러지말고 너 오늘부터 교회 다니자! 교회는 참 재미있단다.
짱 구 : 싫어요! 안다녀요.
선생님 : 이놈아 교회안다닌다고? 너 매일 나쁜짓말 하면 어떻게 되는줄 알아?
짱 구 : 훌륭한 사람되지요!
선생님 : 아니, 교회 안다니고, 나쁜짓하는데 훌륭한 사람이돼?
짱 구 : 그럼요.
선생님 : 나중에 죽어서 어디에 가느냐 말이야?
짱 구 : 망우리 공동묘지요.
선생님 : 공동묘지 같은 소리하네! 죽은 다음에 지옥에 가는가야!
짱 구 : 지옥이 어떤 곳인데요?
선생님 : 지옥은 아주 뜨거운 곳이야!
짱 구 : 목욕탕이예요?
선생님 : 목욕탕보다 더 뜨거워!
짱 구 : 싸우나탕이예요?
선생님 : 싸우나탕보다 더 뜨거워! 지옥이 얼마나 뜨거우냐면, 잘 봐! 앗 뜨거워! 앗 뜨거워! (팔팔 뛴다) 앗 뜨거워! 뜨거!
짱 구 : 아저씨 어디 아파요?
선생님 : 지옥은 이렇게 뜨겁단말야! 너 지옥에 가고싶어?
짱 구 : 싫어요! 안가요! 그런것 없어요! 지옥이 어디있어요! 그런건 다 거짓말이예요! 거짓말이예요!
선생님 : 누가 그래!
짱 구 : 내가 그래요! (청중을 향해) 어린이 여러분 지옥이 있어요? 없어요? (어린이들 "있다" 짱구는 "없다" 반복)
짱 구 : 어? 지옥이 있어요 정말?

선생님 : 너 혼자만 없다고 그러면 뭘해! 다들 있다고 그러는데!
짱 구 : 지옥은 없어요.
선생님 : 있어!
짱 구 : 없어요! 없어요!
선생님 : 있어!
짱 구 : 없어요!
선생님 : 있어!
짱 구 : (힘없이) 있어요!
선생님 : 그러니까 이제부터 교회다는거야!
짱 구 : 알았어요. 그렇지만 난 매일 교회 다니는 애들 때려줬단 말이예요. 교회가면 애들이 나 싫어한단말이예요!
선생님 : 괜찮아! 교회다니는 애들은 전부 착해서, 너늘 용서해줄 거야! 그렇죠! 어린이 여러분? (네!) 그것봐!
짱 구 : 정말 애들이 날 안싫어 할까요?
선생님 : 예배도 잘다니고, 교회 잘다니면, 애들이 다 좋아할꺼야!
짱 구 : 그러면, 나, 오늘부터 교회다닐래요.
선생님 : 그래 참 잘 생각했다.

(해설) 이리하여 짱구는 교회 다니게 되었어요. 짱구가 교회를 다니고나서 정말 재미있고 너무너무 좋았어요.

짱 구 : 아! 정말 교회다니니까, 너무좋다! 교회는 정말 재미있어! 하나님 말씀도 재미있고, 찬송가도 재미있어. 오늘 배운노래를 한번 불러봐야지! 내게 강같은 평화, 내게 강같은 평화, 내게 강같은 평화! 예수이름으로 예수이름으로 승리를 얻었네! 어쨋던 참 재미있어! 어쨋던 내가 교회에 다니니까 막 기쁨이 넘치는것 같애.
그런데 교회다니는 애들은 다 기도도 잘하더라 선생님도 기도도 잘하는데! 나도 기도를 잘해야 될텐데! 어떻게

해야 기도를 잘하지? 어린이 여러분! 내가 기도할테니까 틀리는 것 있으면 얘기해요! (기도한다)
하나님 아저씨 고맙습니다. (어린이들 웃는다) 왜 웃어! (어린이들 : 아버지예요) 아버지예요? 우리 아빠는 회사에 갔는데 이상하다! 아하! 하나님은 우리 영혼의 아버지로구나! 하나님 아버지 감사합니다. 오늘 예배시간에 오줌 안마렵게 해주셔서 감사합니다. (어린이들 : 그렇게 하는것 아니예요.) 그렇게 하는것 아니예요? 하나님 믿습니다. 오 주여! 할렐루야! 아버지! 주여! 주여! (아이들 웃는다) 이렇게 기도하는 것 아니예요?
(어린이들 "네") 어떤 아줌마들은 그러는데 어쨌던 교회를 열심히 다니면, 기도도 잘하게 될거야! 난 이제 교회를 열심히 다닐거야! 아! 우리 친구들 전도해야지!

짱구는 교회를 다니면서, 친구들을 전도했어요. 처음에는 안가겠다던 친구들이 하나 둘씩 교회를 가게 되었어요. 이제 교회를 다니는 어린이들이 너무 많아서 의자에 앉을 자리가 없어, 바닥에 앉아서 예배를 드릴 정도였어요. 그러나 이렇게 예배를 열심히 드리는 짱구를 싫어하는 못된 무리들이 있었으니, 그 못된 놈들은 오늘도, 우리 어린이들을 교회를 못다니게 할려고, 날마다, 호시탐탐 노리고 있고, 오늘도 여러분들의 주위에 맴돌고 있는 나쁜 놈들이예요. (조명이 어두워지며 갑자기 마귀가 나타난다.)

마 귀 王: 짱구가 교회다니기 시작했다! 나쁜놈! 내가 그렇게 교회에 못가게 하려고 그랬건만! 짱구가 교회에 다니다니! 무슨 수를 써서라도 짱구를 교회에 못다니게 해야겠다! 이것이 나의 역사적 사명이야! 짱구를 어떻게 하면, 교회에 못다니게 한담! 여봐라! 이동네 담당마귀 나오너라!

마귀부하 : 예! 사탄대왕마마!
마 귀 王 : 너때문에 짱구가 교회에 다니잖아 임마!
마귀부하 : 어떻게하면 좋죠? 짱구가 그 교회 선생님의 꾀임에 빠져서 교회에 다니게 되었나이다!
마 귀 王 : 어떻게 해서든 짱구를 교회에 못다니게 해야돼!
마귀부하 : 염려마십시요! 맡겨주십시요! 제가 하겠습니다.
마 귀 王 : 어떻게 할려고해?
마귀부하 : 짱구를 교회 못다니게 할려면 짱구에게 오락기를 사주어서 날마다 전자오락을 하게 하는 겁니다.
마 귀 王 : 그것참 좋은 생각이구나! 여기 마침 어린이들 많은데, 좀 써 먹어볼까!
마귀부하 : 틀림없읍니다. 그 방법이 제일 좋아요. 어린이 여러분! 우리 교회에 가지말고, 전자오락해요. 어때요? (어린이 -싫어요!)
마 귀 王 : 싫대잖아! (마구 부하를 때린다.)
마귀부하 : 어휴! 코뼈야! 아! 좋은 수가 있다.
마 귀 王 : 뭐야?
마귀부하 : 교회가는 시간에 재미있는 만화영화를 테레비에 나오게 해서 애들이 교회 가지말고 만화영화를 보게 하는 겁니다. 어때요?
마 귀 王 : 아! 그것참 좋겠다! 이번엔 틀림없겠지! 좋아, 그럼 여기있는 애들에게 써먹어 볼까?
마귀부하 : 써먹어보세요. 이번에는 100% 성공입니다.
마 귀 王 : 어린이 여러분! 우리 교회가지말고 만화영화 봅시다. 어때요? (어린이들-싫어요!)
   (부하를 때리며) 싫대잖아!
마귀부하 : 아이구! 귀아파!
마 귀 王 : 어떻하면 좋아?
마귀부하 : 좋은 수가 있다. 이젠 날씨가 조금 더워지면, 풀장이 문

을 열어요. 그래서, 애들에게 엄마에게 수영복을 사달라고해서, 수영에 재미를 붙여서, 주일날이 되면, 아침부터 저녁까지 수영을 하게 하는 겁니다 .어때요?

마 귀 王 : 그것 참좋은 생각이야! 어디좀 써먹어볼까?

마귀부하 : 써먹어봐요! 이번엔 틀림없어요. 어린이 여러분! 내가 수영복 사줄테니까, 우리 주일날 교회가지 말고 수영하러 갑시다! (어린이들-싫어요)

마 귀 王 : (마귀부하를 때리면서) 임마! 싫대잖아! 안되겠어! 이번일은 내가 직접 나서야겠어!

마귀부하 : 사탄대왕님! 좋은 수가…

마 귀 王 : 꺼져! 넌 가봐! (밀어 넘어뜨린다) 이번은 내가 직접 나서야겠어! 좋은 수가 없을까! 어린이 여러분! 짱구를 교회에 다니지 못하게 할 좋은 방법이 없을까요? (어린이들 "없어요") 머리되게 나쁘네! 아! 좋은 수가 있다! 짱구 아빠를 이용하는 거야! 짱구 아빠는 나의 제자야! 술을 많이 먹기 때문이지! 짱구 아빠는 하루에 소주를 10병씩 먹지! 그러니까, 짱구 아빠가 술을 먹을때, 내가 짱구아빠의 마음에 들어가는 거야! 그래서, 짱구를 때려주는거야! 교회를 나가지 못하도록! 그럼, 짱구 아빠가 짱구를 교회를 못다니게 할꺼야! 하하하! 역시 난 머리가 좋아! 그렇죠 어린이 여러분? (어린이들 : 아니요-)

여러분들은 이다음에 커서 짱구 아빠처럼 술을 많이 먹어야 돼요! (아이들 "싫어요") 많이 먹어! (싫어요) 맥주는 괜찮아! 맥주라도 많이 먹어! (싫어요) 그럼, 막걸리, 양주, 빼갈, 소주~ 다 안먹겠다는 거야! 밥만 먹냐? 애구! 밥벌레같으니. (퇴장한다.)

(해설) 마귀는 이렇게 우리를 죄를 짓게하는 겁니다 .그런데, 그

날밤 짱구의 아빠가 그만 마귀의 꾀임에 빠졌어요. 그래서 술을 얼마나 먹었는지 몰라요.
짱구아빠 : 아이구! 오늘은 술을 얼마 안먹었는데 왜 이리 취하지? 아! 오늘은 정말 이상하다! 술을 많이 안먹은것 같은데, 겨우 소주 12병밖에 안먹었는데! 아이구! 노래나 부르자 돌아와요 부산항에 그리운 내 형제여~ 아이구! 어지러워! 노래도 못부르겠어! (쓰러진다)
(해설) 바로 이때 짱구가 교회에서 마치고 나오고 있었어요.
짱　구 : 내게 강같은 평화! 아얏!(넘어진다) 누가 쓰러져있잖아? 아저씨! 아니 아빠 아니야! 아빠! 또 술잡쉈네? 왜 이렇게 아빠는 술을 좋아하실까! 아빠 일어나세요! 여기 누워계시면 감기걸려요. 일어나세요! 빨리 일어나세요.
짱구아빠 : 아이쿠, 우리 아들 짱구로구나.
짱　구 : 아빠. 빨리 집에 가세요.
짱구아빠 : 너! 그런데 어디갔다 오는거야!
짱　구 : 교회예요!
짱구아빠 : 뭐! 뭐야? 교회? 교회는 안돼! 이 아빠가 어떤 아빤줄 알아! 옛날에 부처님을 믿었어!
짱　구 : 지금은 안믿잖아요!
짱구아빠 : 그래도 너를 어떻게 낳았는 줄 알아!
짱　구 : 엄마가 낳았죠!
짱구아빠 : 아니야! 이 아빠가 부처님께 기도를 드렸어!
짱　구 : 어떻게요?
짱구아빠 : 오! 오! 부처님! 나에게 아들 하나만 주시옵소서! 수리수리마하수리 관세음보살! 나무아미타불! 짜파게티! 사발면! 이렇게 우리 신령님께 기도를 드려서 얼마 안있어 응애! 응애! 하더니, 누가 나왔는지 알아! 바로 너! 너! 너야! 그렇기 때문에 예수를 믿

158 교회 인형극 백과

으면 안돼! 죽어!
짱　　구 : 에이! 안죽어요!
짱구아빠 : 네가 예수를 믿으면 집안이 망해! 어린이 여러분! 예수를 믿으면 집안 망하죠! (어린이들 "아니요") 망해! (아니요) 망해! (아니요)
짱　　구 : 아니예요! 예수믿으면 복받아요! 그렇지요! 순자 아빠도, 명자네 아빠도 예수믿고 복받았잖아요! 예수믿으면 하나님이 축복해준단 말이예요. 아빠도 예수믿으면, 복도 받고 천국에 가실 수 있어요. 그리고, 아빠 술 드셔서 위장 나쁘잖아요! 예수믿고 술 끊으시면 금방 위장병도, 간장병도 나아요. 다 나아요! 아빠! 고혈압이지요!
짱구아빠 : 그런 어떻게 알았어!
짱　　구 : 아빠도 예수님 믿어봐요! 고혈압도 낫고, 당뇨병도 다 나아요! 그러니까 예수 믿어요! 아빠!
짱구아빠 : 야 임마! 병원의사들 다 굶어죽겠다. 교회만 가면 병이 다 나아? 웃기지 마라. 그리고 너 이제 교회 나가지마!
짱　　구 : 아이! 아빠! 나, 교회 다니게 해줘요. 제발 부탁이에요! 교회에 다니게 해주세요!
짱구아빠 : 내일부터 당장 교회나가지마! 알았지!
짱　　구 : ……
짱구아빠 : 알았지?
짱　　구 : 전 교회 나갈래요!
짱구아빠 : 아이 이놈이! 매를 맞아야겠군! 내가 나이 50에 낳은 아이라 웬만해서는 안 때릴려고 했는데, 우향후! 그게 우향후야? 우향후! 좌향좌! 우향우! 좋아! 볼기짝을 맞아라! (때린다)
짱　　구 : 아야! 아야! 엉덩이야!

짱구아빠 : 교회 다닐꺼야? 안다닐꺼야!
짱　　구 : 다닐꺼예요! (때린다) 아야!
짱구아빠 : 다닐꺼야?
짱　　구 : 예! 다닐거예요! (때린다) 으앗 볼기야!
짱구아빠 : 다닐꺼야? 안다닐꺼야?
짱　　구 : 더 잘다닐거예요. 아이 아파! 웅웅! (운다) 히프아파
짱구아빠 : 이제 교회 안다니겠지?
짱　　구 : 싫어요! 난 교회 다닐래요! 예수님이 난 좋아요!
짱구아빠 : 이거 안되겠군! 옳지 좋은수가 있다. 짱구야! 아빠가 너 자전거 사줄테니까 교회 나가지마!
짱　　구 : 싫어요! 난 자전거 10대 있어도 그것보다 예수님이 더 좋아요!
짱구아빠 : 아이! 이놈봐라! 완전히 미쳤구나! 옳지! 좋은수가 있다! 전자오락기계, 캠보이 전자오락 기계를 사줄테니까! 교회에 안다닌다고해!
짱　　구 : 싫어요! 난 이제 전자오락 안해요. 난 예수님이 더 좋아요. 그렇죠! 어린이 여러분? (어린이들-예)
짱구아빠 : 완전히 다들 미쳤구나! (속으로) 좋은 수가 있다. 교회에 나가라고 하는거야! 그대신 그 시간에 심부름을 시키는거야! 짱구야! 아빠가 요새 바빠서 밭에 가서 풀을 뜯어야 하는데 못뜯었다. 네가 밭에 가서 풀을 뜯어주지 않겠니?
짱　　구 : 예.!
짱구아빠 : 거기 풀을 다 뜯어야, 배추도 심고, 마늘도 심어야, 우리집이 돈을 벌지 않니? 그러니까, 아빠대신에 저 밭에 가서 풀을 뜯어!
짱　　구 : 아빠! 그렇지만! ~
짱구아빠 : 어! 다해주겠다고? 고맙다.
짱　　구 : 아니! 그게 아니고!

짱구아빠 : 아! 염려말라고! 고맙다!
짱   구 : 아이 아빠! 내일은 주일날인데…
짱구아빠 : 주일날 열심히 일하겠다고! 어! 고마워!
짱   구 : 아이! 그게 아니고!
짱구아빠 : 아빠 심부름 해야돼! 이 아빠 심부름 안할려면 너! 우리집에서 나가!
짱   구 : 예?
짱구아빠 : 네가 아빠 심부름 안해주면 내 아들이 아니야! 집에서 나가든지! 아빠 심부름을 하든지! 둘중에 하나야! 아빠고 저빠고 필요없어! (퇴장)
짱   구 : 아이! 어떻게하면 좋아! 아빠가 심부름을 시켜서, 일을 하라고 하는데 어떻게하면 좋아! 어린이 여러분! 어떻게 하면 좋아요! 교회나가야되요? (어린이들 : 예) 아빠가 나를 쫓아내면 나 어디가요? 교회가요? 교회가면 먹을것 있어요? 목사님이 부자예요? 아이 그렇지만 그게 아니야!
아, 옳지! 좋은 수가 있다. 이럴 땐 기도하면 예수님이 나에게 길을 가르쳐줄거야! 예수님! 예수님! 가르쳐주세요. 어떻게 해야돼요? 어떻게 해야되는지 가르쳐주세요? 예수님? 아빠가 날 교회 못가게 할려고 심부름을 시켰어요. 예수님 난 교회가고 싶어요. 그렇지만 아빠는 주일날 일을 하라고 그래요. 어떻게하면 좋죠. ? 예수님! 가르쳐주세요. 옳지! 아 맞아! 바로 그거야! 오늘밤 잠을 자지말고 일을 하는거야! 그리고 내일 아침에는 교회 나가야지! 그래 오늘밤! 잠을 자지말고 일을 하자!

(해설) 이리하여 짱구는 그날밤이 되기를 기다렸어요. 정말 깜깜한 밤, 아무것도 안보이는 깜깜한 밤이 된거예요. 짱구는 산으

로 올라갈려고 결심을 했어요. 멀리서 여우, 늑대 우는 소리가 들립니다. 짱구는 무섭지가 않았어요. 짱구가 왜 안 무서울까요? (어린이들 "예수님을 믿어서") 예 짱구는 예수님을 믿었기에 늑대, 여우도 무섭지가 않았어요. 짱구는 드디어 산위로 올라갔어요. 그산은 아주 높은 산이었어요. 그 위에 짱구네 밭이 있었어요.

제 2 막

짱 구 : 야! 다 올라왔따. 어 추워. 그렇지만 아무리 추워도 아빠의 시킨 일을 다 해놓아야지! 자! 풀을 뽑자! (미리 준비해간 풀포기를 뽑는 시늉을 한다.) 어차! 하나! 어차! 둘 어차! 셋!
(해설) 짱구는 한시간이나 땀을 흘리며 일을 했어요. 그러나…
짱 구 : 앗! 손바닥이야! 이게 뭐야? 가시나무아냐? 아이 아퍼! 손바닥에서 피가 나잖아! 엉엉—
(해설) 짱구는 피가 흐르는 손을 붙들고 울었어요.
짱 구 : 예수님 정말 아파요. 그냥 집에 가서 자고 싶어요.
(이때 밝은 빛이 비추며 예수님 등장)
예수님 : 짱구야!
짱 구 : 앗 예수님!
예수님 : 네가 고생하는 모습을 보았다. 나는 네 믿음을 보고 네 소원 한가지를 들어 주겠노라. 자. 내가 네게 무엇을 주기를 원하느냐? 돈을 원하는냐? 유명한 사람이 되기를 원하느냐? 대통령이 되기를 원하느냐?
짱 구 : 저의 소원은 그것이 아닙니다.
예수님 : 그러면 네 소원이 무엇이냐?
짱 구 : 저의 소원은요… 우리 엄마 아빠께서 예수믿고 천국에 가는 겁니다. 저혼자 천국가고 엄마 아빠 지옥가면 전 정

말 슬퍼요.
예수님: 짱구야! 네 믿음이 크도다 네 믿음대로 될지어다! (밭이 사라진다)
짱 구: 앗! 꿈이었구나! 주님! 감사합니다! 자! 어서 하던 일을 계속 하자! 엇샤! 엇샤! (풀을 뽑니다)
(해설) 짱구는 새벽까지 일을 하다가 새벽이 되자 그만 피곤에 지쳐 쓰러지고 말았어요.
짱 구: 이젠 다 됐다. 어 그런데 왜 이리 어지럽지? (쓰러진다)
(해설) 길고 긴 밤이 지나고 새벽이 밝았어요. 짱구의 몸은 차디차게 얼어가고 있었어요. 이때 어디선가 들려오는 짱구아빠의 목소리!
짱구아빠: 짱구야! 짱구야! 아니! 짱구가 어디갔지? 짱구가 안보이잖아? 정말 얘가 어딜간거야? 엇! 그런데 우리 밭에 풀을 누가 다 뽑은 거야? 어린이 여러분! 우리 밭에 풀을 누가 다 뽑았죠? 네? 짱구가요? 그렇구나! 어제 내가 교회가지 말라고 심부름을 시켰더니 이놈이 밤새 일을 했구나! (어린이들에게) 그런데 짱구가 어디 있어요? 네? 밭에요? (밑을 보더니 놀란다) 짱구야! 아니 네가 이게 웬일이냐? 짱구야! 정신 차려라! 눈을 떠라 이 아빠를 용서해다오 짱구야! 어흐흑 흑흑! 이 아빠가 술을 먹고 망령이 들었구나. 네게 이런 일을 시키다니 제발 정신을 차려다오! 아니, 이 풀좀봐, 풀에 피가 묻어 있구나. 이놈 손이 피투성이로구나. 으흐흑! 어린이 여러분 어떻게 해야 짱구가 일어날 수 있죠? 네? 기도하라고요? 그렇지! 기도를 하자! 오! 부처님! 관세음보살 나무아비타불 (이때 어린이들이 야유한다) 네? 예수님께 기도하라구요? 알았어요. 예수님! 제발 우리아들 짱구를 살려주세요! 우리아들 짱구를 살

려주세요! 우리아들 짱구를 살려주시면 저도 교회를 다니겠나이다! 제발 짱구가 벌떡 일어나게 해주세요. (이때 짱구 벌떡 일어났다 쓰러진다)
아니, 금방 누가 벌떡 일어난 것 같은데? (짱구를 살펴 본 후) 이상하다. (다시 기도한다) 오. 하나님 짱구가 벌떡 일어나게 해주십시요.
(짱구 벌떡 일어났다 쓰러진다)
아니, 누가 금방 벌떡 일어난 것 같은데. 다시 한번 기도해볼까? 오. 하나님 짱구가 벌떡 일어나게 해주십시요. (이때 짱구가 벌떡 일어났다가 아빠 몸위로 쓰러진다) 애개개 아니! 짱구야. 네가 정신을 차렸구나! 오 오! 하나님 감사합니다!

짱　　구 : 아빠! 지금 몇시예요?
짱구아빠 : 아침 여덟시 반이다!
짱　　구 : 아빠! 아 교회가야 돼요. 근데 발이 움직이지 않아요.
짱구아빠 : 흑흑 이 아빠가 업어주겠다! 자! 업으바! (업는다)
짱　　구 : 아빠! 고마워요!
짱구아빠 : 짱구야 이제부터 교회 마음대로 다녀라. 아빠가 졌다! 그리고 이제부터 이 아빠도 교회를 다니기로 했다!
짱　　구 : 정말이예요?
짱구아빠 : 그럼!
짱　　구 : 할렐루야! (두손을 쳐들고 소리치다 뚝 떨어진다) 아 이고 아이고!
짱구아빠 : 아니 할랄랄라라니? 그게 무슨소리냐?
짱　　구 : 아이고 뒷통수야!
짱구아빠 : 뒷통수에 혹이 났구나!
짱　　구 : 그래도 괜찮아요! 아빠가 교회가신다면!
짱구아빠 : 자! 다시 업으바! (업는다) 그리고 짱구야! 앞으로 엄마도 교회를 데리고 나갈 거야!

164 교회 인형극 백과

짱　구 : 할렐루야! (또 떨어진다) 야야야!
짱구아빠 : 아니 또 할랄랄라?
짱　구 : 아이고 뒷통수야!
짱구아빠 : 뒷통수에 혹이 두개 났구나. 그런데 할랄랄라가 무슨 뜻이냐!
짱　구 : 아이 아빠도! 할랄랄라가 아니고 할렐루야예요!
짱구아빠 : 할렐루야가 뭐냐? 무슨 뜻이야? (업는다)
짱　구 : 할렐루야란 하나님을 찬송하라는 뜻이예요!
짱구아빠 : 그럼 나도 해볼까?
짱　구 : 아빠도 해보세요!
짱구아빠 : 할렐루야! (두손을 쳐든다! 그래서 짱구가 또 떨어진다)
짱　구 : 애개개개!
짱구아빠 : 아이구 또 떨어졌구나
짱　구 : 아이구 아빠가 손을 놓으니까 내가 떨어졌잖아요! 아이고 뒷통수야!
짱구아빠 : 뒷통수에 혹이 세개 났구나! 많이 아프지?
짱　구 : 엄마 아빠가 예수 믿는다니 조금도 안 아파요!
짱구아빠 : 자 어브바! (짱구를 업는다) 자 우리 찬송하면서 교회 가자!
짱　구 : 아빠도 찬송가 부를 줄 알아요?
짱구아빠 : 그럼! 알고말고 나도 옛날에 여름성경학교 두번 나간 적 있었지.
짱　구 : 불러봐요.
짱구아빠 : 예수이름으로 예수이름으로 승리를 얻겠네(찬송하며 퇴장한다.)
(해설) 이렇게 짱구는 믿음으로 부모님을 구원받게 했어요. 여러분들도 짱구처럼 신앙생활 잘하여 온 가족을 구원합시다!

　　　　　　　　－막이 내린다－

교회 인형극 백과 165

철수의 회개

나오는 사람 : 철수
　　　　　　영구
　　　　　　순이
　　　　　　도사
　　　　　　마귀
　　　　　　엄마
　　　　　　뱀
　　　　　　준이아빠

제 1 막   제 3 막   제 5 막

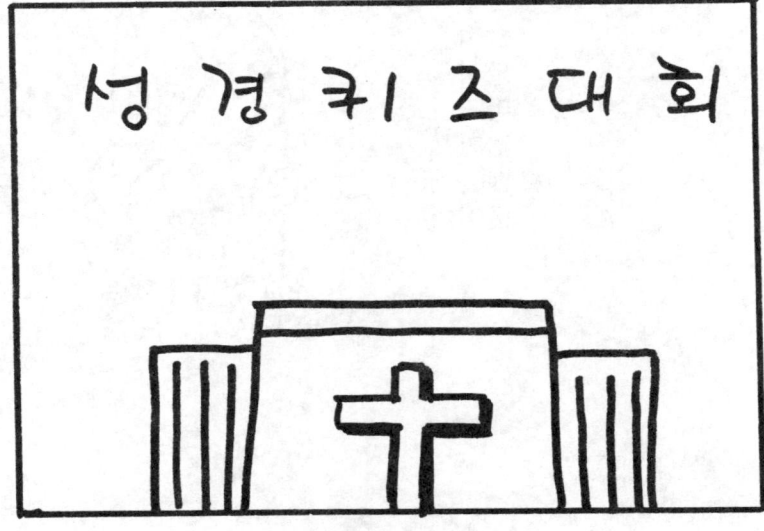

제 2 막

제 4 막

제 1 막

(해설) 어느 마을에 교회가 하나 있었어요. 이 교회는 철수라는 어린이가 다니고 있었는데, 철수의 아빠는 장로님이었는데 철수는 아주 말썽꾸러기였어요. 그래서 교회를 다녀도 기도도 할 줄 몰라요. 그리고 매일 장난만쳐요. 또 엄마가 헌금을 주면 그걸로 과자나 사먹곤 했어요.

철 수 : 철수이름으로 철수이름으로 승리를 얻었네! 에헤헤! 오늘도 엄마가 헌금하라고 천원 줬는데, 500원은 전자오락하고 450원은 아이스크림 사먹었어. 참 맛있어! 50원 남았으니까, 이걸로 헌금하면 돼! 그런데 예배시간에 늦었는데 어떻게 하지! 아! 괜찮아 괜찮아! 다들 기도할 때 살짝 들어가면 돼! 늦게 들어가도 괜찮아! 그렇죠, 어린이 여러분? (어린이 : 아니요!) 아니긴 뭐가 아니야. 가만 있자 근데 아휴! 큰일났다, 큰일났어 어떻게 하지! 친구 하나 데리고 오면, 공책두권 준다고 했는데! 아휴! 친구를 전도해야지. 가만있자… 누굴 전도할까! 어! 마침 저기 영구 녀석이 오고 있구나 그래! 영구를 붙잡아 가지고 교회로 끌고 가야지! 영구야! 영구야? 이리로 와봐!

영 구 : 왜그러니 너? (심형래 목소리)

철 수 : 야 영구야 너 어디가는거야?

영 구 : 나 엄마 심부름 가는데…

철 수 : 엄마 심부름?

영 구 : 응!

철 수 : 야 오늘 나하고 좋은데 가자!

영 구 : 좋은데가 어딘데?

철 수 : 교회

영 구 : 어? 나 교회는 안가!

철　수 : 야 임마. 훌륭한 사람이 되려면 교회를 다녀야 되는거야 임마!
영　구 : 어! 그렇지만 나 심부름 가야되는데!
철　수 : (때린다) 이짜식이!
영　구 : 야!~ 왜때려 왜때려 ~흐흑~
철　수 : 너도 임마, 교회다니고 사람좀 되란말야!
영　구 : 뭐? 사람! 그럼 내가 사람이 아니란 말이야?
철　수 : 나처럼 착한 사람이 되란 말이지.
영　구 : 이…… 니가 뭐가 착해! 나쁜 놈이지!
철　수 : 뭐? 이자식이 얏! (때린다)
영　구 : 아…… (신음소리를 낸다) 아이구 갈비야! 어이구 갈비 부러졌나봐.
철　수 : 갈거야? 안갈거야? 다시한번 기회를 주겠다.
영　구 : 아휴! 갈께 갈께!
철　수 : 그럼; 그래야지 자식! 교회가야 사람되지!
영　구 : 아휴! 교회다니는 애들 참 무섭다 아휴! 갈비야! 내갈비.
철　수 : 야! 빨리가자!
영　구 : 아휴~ 아휴~ 갈비아파. 내갈비 왕갈비

(해설) 이렇게 철수는 친구들을 전도를 해도 주먹으로 전도했어요. 그런데, 그 영구가 교회를 가서 하나님의 말씀을 듣고 은혜를 받았어요.

영　구 : 어허허! 오늘 교회 갔더니 정말 좋은 말씀 배웠어! 나도 이제 교회를 잘 다니고 착한 어린이가 되어야지! 난 처음에는 교회가 나쁜 곳인줄 알았는데, 가서 목사님 말씀을 들어보니까 정말 좋으신 분 같아! 그리고, 예수님을 믿으면 죽은 다음에 천당을 간대! 어린이 여러분 예수님 믿으면 천당가지요? (어린이들 대답한다) 아하! 그렇다면 교회를 꼭 다녀서, 나도 이다음에 꼭 천당을 가야지! 아휴 그것도 모르고 난 이제까지 예수님을 안 믿었잖아! 이제 난 교회를 꼭 잘 다닐거야! 어! 저기 마침 철수가 온다. 철수한테 고맙다고 그래야지! 비록, 날 두둘겨 패긴 했지만, 철수때문에 내가 교회를 다녔으니까 고마워! 야! 철수야? 철수야?

철 수 : 어 왜그래?
영 구 : 철수야, 정말 고마웠어!
철 수 : 뭐가 고마워 임마! 싱거운 녀석.
영 구 : 너 때문에 오늘 교회가서 예수님을 믿었어! 그래서 나는 너무 너무 고마워!
철 수 : 자식! 별것가지고 다그래! 그게 다 팔자소관이야 임마.
영 구 : 철수야 그런데 정말 죽으면 천당에 가냐.
철 수 : 죽으면 공동묘지가지 임마! 무슨 천당이야?
영 구 : 응~ 아니 선생님이 그랬잖아! 선생님이 천당간다고 그랬잖아!
철 수 : 천장인지 천당인지 임마 난 몰라!
영 구 : 어린이 여러분 선생님이 천당간다고 그랬죠?(어린이들 : 예-) 그것봐 천당간대잖아.
철 수 : 그런게 있는지 없는지 어떻게 아냐? 임마! 네가 가봤어?
영 구 : 너는 이제 보니까 교회를 다녀도 믿음이 없구나!
철 수 : 뭐! 믿음이 없어?
영 구 : 그래
철 수 : 야! (때린다) (영구의 비명소리)
영 구 : 아야야 왜 때려!
철 수 : 자식! 까불고 있어. 선배 말을 안듣고! 어린이 여러분! 그런거 다 꾸며낸 말이죠!(어린이 : 아니요-) 너희들은 참 좋겠다! 철딱서니가 없어서!
영 구 : 어호! 너 정말 그러지 마 어호!

철 수 : 너 임마 오늘부터 교회 나오지 마!
영 구 : 뭐! 교회 나오지 말라고?
철 수 : 그래! 여긴 우리 교회야! 우리 아빠가 이 교회 지었단 말야. 그러니까 우리교회지. 그러니까 너 교회 나오지 마.
영 구 : 어린이 여러분! 이 교회가 철수네 교회예요? 하나님 교회예요?
철 수 : (청중을 보며) 우리교회야! (아냐!) (영구를 보며) 너 이제 교회 나오지 마!
영 구 : 나올거야!
철 수 : 어 그놈 말 되게 안듣네!
영 구 : 너 아무리 날 교회를 못나오게 해도, 난 교회 나와서 예수님 믿고 천당 갈꺼야! 그래야죠, 어린이 여러분? (어린이 : 네-)
철 수 : 아휴아휴! 약올라 아! 약올라! 이 자식이 이 자식이! (때리려고 한다)
영 구 : 아휴! 또 때려! 아휴! 내가 동네북인줄 아나! 나 도망갈래! (도망간다)
철 수 : 저 자식이 교회 나오더니, 벌써 교만마귀가 들렸어! 치! 뭐 저런놈이 다 있어! 선생님이 하는 말씀을 다 믿네! 다믿어! 거짓말도 있는데! 어린이 여러분 거짓말도 많죠? (어린이 : 아니요-) 아니야? 아휴! 아냐! 전부 거짓말이야! 난 안믿어 안믿어!

(해설) 이렇게 철수는 교회를 다녀도 믿음이 없었어요. 그런데 얼마 후 주일학교에서 성경퀴즈대회를 했어요. 범위는 마태복음이었는데 영구는 밤새 마태복음을 읽었어요. 그런데 철수는 잠만 쿨쿨 잤어요.

제 2 막

선생님 : 자, 이제부터 6학년 김철수 어린이와 이영구 어린이의 결승전이 있겠습니다. 이 결승전에서 이기는 어린이는 3만원짜리 가죽성경을 상으로 타게 됩니다. 그리고 이등은 아무것도 없습니다. 자, 그럼 이영구, 김철수 어린이 나오세요. (선생님 사라지며 철수와 영구 나타난다)
철 수 : 흥! 난 교회를 십이년이나 다녔기 때문에 너같은 녀석쯤은 이길수가 있어. 감히 너같은 게 내 상대가 될 수 있겠니?
영 구 : 길고 짧은 건 대봐야지 너무 장담하지 마라 철수야.
철 수 : 아쭈! 하루강아지 범무서운줄 모른다더니.
선생님 : (목소리만) 이제부터 다섯문제를 내겠는데 그중 세문제를 먼저 맞추는 사람이 우승하는 겁니다. 자, 첫번째 문제를 내겠습니다. 광야에서 예수님을 세번 시험했던 자는 누구였을까요?
철 수 : 저요! 저요! (손을 든다)
선생님 : (목소리만) 김철수!
철 수 : 떡장수요!
선생님 : 틀렸습니다.
영 구 : 저요! 저요! (손을 든다)
선생님 : 영구!
영 구 : 마귀였습니다.
선생님 : 맞았습니다! 모두 박수! (일동 박수)
철 수 : 아니 저놈이 언제 저렇게 성경을 읽었지? 야! 너 컨닝했지?
선생님 : 김철수! 조용히 하세요. 두번째 문제를 내겠습니다.
철 수 : 이번엔 내가 맞춘다.
선생님 : 이 말은 누가 누구에게 한 말입니까?

나를 따라 오너라 내가 너희를 사람을 낚는 어부가 되게 하리라.

철 수 : 저요! 저요!
선생님 : 김철수!
철 수 : 마귀가 인신매매에게 한 말입니다.
선생님 : 엥? 인신매매? 틀렸습니다.
영 구 : 저요! 저요!
선생님 : 영구!
영 구 : 예수님께서 베드로에게 한 말씀입니다.
선생님 : 맞았습니다. 일동 박수! (박수)
　　　　세번째 문제입니다. 예수님을 은돈 30냥에 판 사람은 누구입니까?
철 수 : 저요! 저요!
선생님 : 철수!
철 수 : 배추장사요!
선생님 : 김철수! 장난하나?
영 구 : 저요! 저요!
선생님 : 이영구!
영 구 : 가룟유다 입니다!
선생님 : 맞았습니다! 오늘의 우승은 교회나온지 두달밖에 안되는 이영구 어린이입니다! 모두 박수쳐주세요!
철 수 : (영구를 보며) 저자식이 교회 나온지 얼마 되지도 않으면서 저렇게 좋은 책을 타? 나쁜 자식. 너 두고보자. 내가 기어이 복수하고 말겠다. (퇴장)

제 3 막

영 구 : 헤헤! 어린이 여러분! 오늘 교회에서 성경 퀴즈대회를 했는데, 내가 일등을 했어요! 어젯밤에 밤새도록 성경을 읽었거든요. 그래서 선생님이 이렇게 가죽 성경을 선물로 주셨어요. 너무 고마워요. 난 이 성경을 잘 읽고 훌륭한 사람이 될래요.
(이때 철수가 튀어 나온다)
철 수 : 야!
영 구 : 어! 깜짝이야! 왜그래! 너 철수 아냐?
철 수 : 야! 그거 너 가지고 있는 거 내놔!
영 구 : 어! 이건, 이건 선생님이 나한테 일등했다고 상으로 준 거야.
철 수 : 내놔!
영 구 : 안돼! 선생님이 상으로 준거야!
철 수 : 자식이 맞을래? (때린다)
영 구 : 아~ 왜그래! 잉잉!
철 수 : 내놔!
영 구 : 어, 왜그래! 내꺼야!
철 수 : 짜식아! 선생님이 이걸 날더러 뺏어 가지라고 그랬단 말야!
영 구 : 뭐! 선생님이! 왜?
철 수 : 임마! 교회는 아무나 다니는 건줄 알아! 교회는 돈 많은 사람만 다니는 거야! 돈 없는 가난뱅이는 교회다니면 안돼!
영 구 : 뭐?
철 수 : 우리 아빠는 돈을 많이 번단 말이야! 한달에 오백만원씩 벌어! 니네 아빠는 뭐해!
영 구 : 회사다녀!

철 수 : 월급 한달에 얼마씩 타?
영 구 : 우리 아빠는 월급을 한달에 오십만원밖에 못타
철 수 : 그러니까, 가난뱅이지! 그러니까, 교회 나오면 안돼! 교회는 돈 많은 부자만 다니는 거야(청중을 보며) 그렇죠 어린이 여러분?(어린이 : 아니요-) 거봐! 그렇대잖아!
영 구 : 아~ 알았어! 알았어! 나 이제 교회 안다닐거야!
철 수 : 어, 잘 생각했다 너! (영구 머리를 두드린다)
영 구 : 나 이제 예수님 안 믿을거야!
철 수 : 똑똑하다 너! (영구 머리를 두드린다)
영 구 : 나 이제 예수님 안 믿어!
철 수 : 그래, 너 영리하다 (또 두드린다)
영 구 : 으흑흑(운다)
철 수 : (조그만 소리로) 에헤헤~ 이 녀석 나한테 속았지! 에헤헤~ 이건 내가 갖는다. (퇴장 한다)
영 구 : 흑흑! (운다) 교회 다닐려고 했더니, 날 이렇게 교회 못다니게 막 두들겨패고 으흑~ 성경책도 빼앗아? 잉잉- 난 이제 교회 안 다닐거야! 예수님도 안믿어 이잉~ 이잉 이잉~ 그래, 난 가난뱅이야. 예수 안믿으면 되잖아!

(해설) 이렇게 철수가 영구를 못살게 굴었기 때문에, 영구는 교회를 안다니기로 결심을 한거예요. 어린이 여러분! 이렇게 철수처럼 나쁜짓하면 돼요? 안돼요? 그런데, 주일날이 됐어요. 주일날이 되자 영구는 교회를 나오고 싶어서 견딜수가 없었어요.

영 구 : 으흑흑흑~ 나도 교회 가고 싶어. 그렇지만 그렇지만 철수때문에 교회를 못다니겠어! 철수가 막 날 때린단말야 그리고 교회는 돈 많은 사람만 다니는 거래! 이히히~ 나는 돈이 없어. 한달에 엄마가 천원씩 밖에 안준단말야!

그래서 헌금을 백원도 못한단 말야! 이잉~이잉~이잉~
순 이 : 어머! 얘 영구야! 너 왜 오늘 교회 안나왔어?
영 구 : 어! 순이로구나!
순 이 : 선생님이 너 오늘 교회에 안나왔다고, 찾아 가보라고 했어! 자, 빨리 교회가! 선생님이 기다리셔!
영 구 : 나 교회 안다녀!
순 이 : 어휴! 지난 주일까지는 교회 다니니까 좋다고 하면서 열심히 다녔는데, 왜 교회를 안다녀! 너 어디 아퍼?
영 구 : 나 이제 교회 안다니기로 결심했어! 더이상 말시키지마!
순 이 : 어머! 넌 왜 이렇게 변덕이 죽 끓듯 하니? 너 자꾸 이렇게 이말했다 저말했다하면 안돼! 자 빨리 교회 가자.
영 구 : 교회는 돈많은 사람만 다니는거야!
순 이 : 누가 그래?
영 구 : 철수가 그랬단말야!
순 이 : 어린이 여러분 그거 거짓말이죠? 교회는 아무나 다녀도 괜찮아! 자, 영구야, 빨리 교회가!
영 구 : 싫어! 우리집은 돈이 없는 가난뱅이란 말야! 돈도 없고, 냉장고도 없고, 선풍기도 없고, 텔레비젼도 없단말야! 비디오도 없고 전자오락 기계도 없어! 그래서 난 교회 안다닌단 말야! 철수네는 다 있어! 그래서 난 교회 안다닐거야!
순 이 : 괜찮아! 그런거 없어도! 교회 다니면서, 하나님 말씀만 잘 들으면 되는거야! 자, 빨리 교회가자!
영 구 : 싫어! 나는 이제 예수님 안믿어 예수님 안믿어도 괜찮아!
순 이 : 예수님 안믿으면, 너 이다음에 지옥가!
영 구 : 뭐! 지옥? 그럼 안되는데!
순 이 : 그러니까 너 빨리 교회가!
영 구 : 그렇지만 나는 교회가면 철수가 막 때린단말야! 그래서 난 교회 안갈거야! 그리고, 우린 가난뱅이라 교회 안다녀!

　　　　　교회는 돈 많은 애들만 다니는 거야!
순 이 : 아니야 그렇지 않아!
영 구 : 싫어!
순 이 : 아휴! 어쩌면 좋지? 철수때문에 큰일났네. 철수는 정말 골치꺼리야. (퇴장)
영 구 : 어린이 여러분 근데, 예수님 안믿으면 진짜 지옥가요? (어린이 : 네-) 어어~ 어떡하면 좋아! 이거 천당은 가야되는데, 교회는 철수때문에 못다니겠고, 어떻게 천당에 갈 수 있는 방법이 없나?
도 사 : 아~ 수리수리마수리 사바하 가나다라마바사 짜파게티 사발면 아하~ 수리수리마하수리~ 알라달라 마라킬라. 에프킬라.
영 구 : 아저씨는 뭐하는거예요?
도 사 : 나는 저 산에서 도를 닦고 있는 도사님이시다!
영 구 : 돌을 깨뜨려요?
도 사 : 돌을 깨뜨리는게 아니고 도를 닦는다고! 도사님이라고!
영 구 : 도사가 뭐하시는 분인데요?
도 사 : 아~ 나는 산 신령을 믿는단다! 산에 있는 산신령님은 아주 훌륭하신 신이야! 그분은 나에게 여러가지 능력을 주셨지! 나는 병도 고치고, 또 점도 친단다. 어디 내 눈을 똑바로 봐라!
영 구 : 네
도 사 : 뚜뚜뚜… 아 네이름이 영구로구나
영 구 : 어! 그걸 어떻게 알아요?
도 사 : 나는 초능력을 가지고 있기 때문에 산 신령님의 능력으로 뭐든지 뭐든지 알 수 있단다.
도 사 : 다시 한번보자! 또또또~ 너 소띠지?
영 구 : 예 그것도 아시네요? 정말 기막히다. 내 허리띠 소가죽으로 만들었는데…

도 사 : 아하하하 또 날 잘봐라 또또또또또~
영 구 : 어 (뒤로 넘어진다) 내가 왜 넘어졌지?
도 사 : 이게 바로 신통력이야.
영 구 : 신통력? 신통하다
도 사 : 나는 이렇게 신령님의 능력으로 여러가지 신통력을 가지게 되었지! 너도 이런 능력 갖고싶지 않니?
영 구 : 갖고 싶어요.
도 사 : 그렇다면 너는 내 제자가 되어야 해.
영 구 : 네? 제자?
도 사 : 자 나를 따라가서 신령님을 믿자. 내가 믿는 신령님을 믿으면 너도 병자도 고치고, 여러가지 기적도 행하고, 또 사람의 마음 속도 깊이 꿰뚫어 볼 수 있단다. 자, 어때? 나를 따라가서 우리 신령님을 믿고 내 제자가 되지 않겠니?
영 구 : 그렇지만, 하나님외에 다른 신을 믿으면 지옥가요!
도 사 : 아이구! 웃기고 있네! 이 녀석아 우리 신령님을 믿으면 누구나 천당에 간단말야! 이 녀석아 우리 신령님을 믿어봐! 그러면 천당에 더 일찍가!
영 구 : 그럼 일찍 죽나?
도 사 : 어쨋든 우리 신령님을 믿어봐 예수님을 믿는 것도 좋지만, 우리 신령님을 믿으면 더 확실하단 말야 임마!
영 구 : 정말이예요?
도 사 : 그럼!
영 구 : 그 신령 이름이 뭔데요?
도 사 : 아 우리 신령님 이름이 어멍신이시다
영 구 : 꺼벙신?
도 사 : 꺼벙신이 아니고 어멍신! 자! 우리 어멍신을 믿고 천당에 가고싶지 않니?
영 구 : 가고 싶어요.

도 사 : 그렇다면 나를 따라해봐. 자, 나를 따라서 하는거야! 수리수리마하수리사바하!

영 구 : 수리수리마하수리사바하!

도 사 : 잘했어. 아주 잘하는구만. 좋아. 내 제자가 될 자격이 있어. 자, 나를 따르라!

영 구 : 야! 신난다. 나도 천국갈 수 있다. 야호!

(해설) 이렇게 하여 영구는 그만 예수님을 안믿고 귀신을 믿기 시작했어요. 그래서 하루하루 귀신에게 빠져가고 말았아요. 이제 예수님을 안믿고 귀신을 믿어서, 지옥에 갈 수밖에 없는 그런 어린이가 되었어요. 어느 날이었어요.

준이아빠 : 아이구 허리야. 개구리를 좀 잡아먹으면 허리병이 낫는다는데 내가 무슨 수로 이 나이에 개구리를 잡지? 옳지, 저기 철수가 오는구만. 얘, 철수야.

철 수 : 왜요? 아저씨?

준이아빠 : 너 내가 돈줄께 개구리좀 잡아주지 않겠니? 저 뒷산에 가면 개울가에 개구리 되게 많아.

철 수 : 전 교회가야 돼요.

준이아빠 : 야 임마. 교회다니면 돈이 나오냐?

철 수 : 안나와요.

준이아빠 : 거봐. 개구리잡아봐. 한마리에 백원씩 줄께. 삼십마리면 삼천원! 오십마리면 오천원 줄께!

철 수 : 와아! 오천원! 정말이예요? 아저씨?

준이아빠 : 야, 임마. 어른이 할 일없어서 거짓말 하니? 자, 그럼 이따가 보자. 개구리 많이 잡아라.

철 수 : 네! 어쩌지? 주일학교 가야하는데. 어린이 여러분! 교회가야 해요? 개구리 잡아야 해요? (교회요!) 그렇지! 교회엘 가야지. 하지만 교회가면 돈 못벌어. 난

개구리 잡아서 돈을 많이 벌거야. 야! 여기 마침 막대기가 있구나. (밑에서 막대기를 든다) 어? 저기 개구리 있다. 에잇! (개구리를 잡는다) 한마리 잡았다. 백원 벌었다. 야! 저기 또 있다! (퇴장한다)
(이때 뱀 나타난다)

뱀 : 아니 누가 내 먹이를 잡고 있는 거야? 내 먹이를 다 잡아죽이면 난 뭘 먹고살란 말야? 버릇없는 놈. 오늘 혼좀 나 봐라. (숨는다)
(철수 나타난다)

철 수 : 악! 뱀이다! (뱀이 철수를 칭칭 감는다) 사람살려!
뱀 : 경고하겠다. 내 구역을 침범하지 마라. 호호호. (퇴장한다)
철 수 : 으으… 독이 퍼지는 것 같다. 사람살려! 뱀에게 물렸어요! 누가 나좀 살려줘요! (쓰러진다)

(해설) 그후 철수는 집에서 약을 먹으면서 두달동안이나 앓았어요. 뱀의 독이 온 몸에 퍼졌던 것입니다. 그리고 철수는 그동안 자기가 지은 죄를 회개했어요. 그중에서 가장 후회가 되는 죄는 영구를 교회 못다니게 한 죄였어요. 철수는 눈물을 흘리며 죄를 회개했어요.

제 4 막 (지옥)

영 구 : 아니 내가 지옥에 오다니. 이럴수가. 난 분명히 어멍신을 누구보다 열심히 믿었단 말이야. 그런데 왜 지옥에 온거야? 왜?

마 귀 : 시끄러워 이놈아! 지옥에 온 놈이 왜이리 말이 많아?

영 구 : 여보세요. 난 누구보다 신령님을 잘 섬겼단 말이에요. 그런데 왜 지옥에 왔느냔 말예요.

마 귀 : 이놈보게. 아니 이놈아 아무나 믿는다고 다 천국가냐? 믿을 분을 믿어야지. 야 임마 예수 안믿으면 다 지옥이야 임마. 너 교회 다녔어?

영 구 : 다니다 말았어요.

마 귀 : 아깝구만. 왜 다니다 말았니?

영 구 : 철수때문이예요. 철수가 못다니게 했어요.

마 귀 : 그놈 괜찮은 놈이로구나.

영 구 : 네?

마 귀 : 그런 놈이 많아야 지옥에 손님이 많아지지. 낄낄낄!

영 구 : 아아! 내가 바보였어. 그때 무슨 일이 있어도 교회를 다녀야 하는 건데! 철수! 철수때문이야. 내가 가만히 놔 둘줄 알아? 철수 나와! (철수가 나타난다)

철 수 : 영구야. 미안해!

영 구 : 내가 너 때문에 지옥에 왔으니 너도 지옥에 와야 해.

철 수 : 싫어! 난 지옥엔 안가!

영 구 : 비겁한 놈. 나는 지옥에 보내놓고 자기는 지옥에 안오겠다니. 정말 비열한 놈이로구나. 난 너를 죽이고 말겠다. 어서 지옥으로 들어가자!

철 수 : 싫어! 영구야. 난 지옥에 안갈거야 살려줘! (막이 내린다) (계속 비명소리 들린다)

제 5 막

철 수 : 그래! 영구를 다시 전도해야 해. 영구는 지금 예수님을 안믿고 어멍신이라는 귀신에 빠져있어. 그건 나때문이야. 내가 다시 가서 영구를 전도하고 말거야. 어? 영구가 오고 있구나.
영 구 : 수리수리 마하수리 사바하. 수리수리 마하수리. 사바하.
철 수 : 영구야. 네가 믿는 것은 헛된 신이야. 예수를 믿어야 천국에 가는 거야.
영 구 : 이건 또 웬 개구리 소리냐? 수리수리 마하수리.
철 수 : 지난번에는 내가 잘못했어. 내가 한 말은 다 거짓말이었어. 네 성경책 여기 있어. 이 성경책을 읽어서 같이 천국에 가자.
영 구 : 이건 또 무슨 바퀴벌레 울음소리냐. 수리수리 마하수리 사바하. 내 길을 막지 말라. 저리 비켜!
철 수 : 안돼! 날 용서해줘! 그리고 같이 교회에 가자.
영 구 : 난 이미 속세를 떠난 몸. 예수가 무슨 소용이 있냐. 수리수리 마하수리 사바하. 저리 비켜!(철수를 넘어 뜨린다)
철 수 : (무릎을 꿇고) 안돼! 예수믿어야 천국가는 거야 영구야! 내가 무릎꿇고 빌께 다시 교회가자.
영 구 : 싫어! 날 교회나오지 말라고 할 때는 언제고 이제와서! 시끄러워!(뿌리치고 가려고 할 때)
철 수 : (악을 쓰듯) 영구야! 예수안믿으면 지옥가!
영 구 : 뭐? 지옥?
철 수 : 그래! 지옥!(단호하게) 네가 선택하기에 달렸어. 지금이라도 늦지않아!(찬송가 경음악이 울린다)

(나레이터) 하나님이 세상을 이처럼 사랑하사 독생자를 주셨으니 이는 저를 믿는 자마다 멸망치않고 영생을 얻게 하려 하심이

니라.

영 구 : 정말이니? 예수믿지 않으면 지옥에 간다는 것이?
철 수 : 그래! 사실이야. 예수를 믿어야 해.
영 구 : 철수야 고맙다. 그래 그때 목사님 설교 말씀이 생각난다. 그때 참 재미있었지. 그리고 그때 밤새우며 읽던 마태복음 성경구절들이 생각난다. 그래 내가 그동안 귀신에게 속았던 거야. 왜. 왜 나에게 찾아온거지 철수야?
철 수 : 하나님이 너에게 가라고 했어. 널 다시 전도하지 않으면 난 괴로와서 살 수 없을 거야.
영 구 : 고맙다. 그래. 나도 이제 교회 다시 나갈께. 이제 날 괴롭히는 사람은 없는 거지?
철 수 : 없어! 교회다니는 사람들은 모두 한 형제잖아. 그치? 자. 어서 교회 가자. (음악 사라진다)
영 구 : 그래, 어서 가자. 예수님이 날 손짓해 부르시는 것같아. 철수야 우리 함께 교회로 가자.
철 수 : 영구야. 고맙다. 같이 가자!
(둘이 함께 퇴장한다)

(막이 내린다)

184 교회 인형극 백과

제2차 러시아 선교시 인형극 공연하는 필자(1994. 2)

인형극을 보고 결신하는 모스크바 어린이들

교회 인형극 백과 185

천국과 지옥

나오는 인형 : 부자
　　　　　　 나사로
　　　　　　 지옥간 부자
　　　　　　 천국간 나사로
　　　　　　 아브라함
　　　　　　 가브리엘

제 1 막

제 2 막

제 3 막

(해설) 옛날 어느 마을에 돈이 매우 많은 부자가 살고 있었어요. 돈이 얼마나 많은지 창고를 여러개 지어놓고 돈으로 가득가득 채워놓을 정도로 부자였어요.
그러나 이 부자는 하나님을 믿지않는 사람이었어요.

요 한 : 어린이 여러분, 안녕하세요? 제 이름은 요한이예요. 전 예수님을 믿고 나서 너무너무 행복해졌어요. 그래서 만나는 사람마다 전도를 한답니다. 어린이 여러분들도 전도 잘해요? 네? 어떻게 전도를 해야 하느냐구요? 그럼 지금부터 제가 전도하는 것을 잘 보세요. 저는 지금부터 이 부잣집 주인아저씨를 전도하겠어요.
아저씨! 아저씨!
부 자 : (목소리만) 누구야? (크게)
짱 구 : (뒤로 넘어지며) 아이 깜짝이야. 귀청떨어질뻔했네. 아저씨 저 짱구예요.
부 자 : 짜장면? 안시켰어!
짱 구 : 짜장면이 아니고 짱구예요.
부 자 : (등장하며) 짱구? 네가 짱구야? 그래 여긴 왜왔냐? 남 기분좋게 잔치를 벌리고 술을 마시는데.
짱 구 : 아저씨, 영원히 영원히 행복하게 살고싶지 않으세요? 아저씨도 가서 그분 말씀을 들어보세요. 지금 가버나움에서 하나님 말씀을 전하시고 계셔요.
부 자 : 아 나도 얘긴 들었다. 그러나 그깟 얘기 들어서 뭐하니? 그럴 시간있으면 그동안 술을 마시고 춤을 추며 놀겠다. 예끼놈 어서 꺼지지 못해?
짱 구 : 아저씨! 제 얘기를 들어보세요.
부 자 : 아니 이놈이 그래도?(때린다)
짱 구 : (넘어진다) 아야야!
부 자 : 재수없는 놈 같으니라구. (퇴장)

짱　구 : 에이 실패다. 그러나 난 낙심하지 않아. 다른 사람이라도
　　　　 전도해야 할텐데… (이때 밑에서 거지 나사로가 천천히
　　　　 고개를 쳐든다)
나사로 : 금방… 뭐라고 했지?
짱　구 : 아이 깜짝이야. 아니, 아저씨는 누구세요?
나사로 : 나는 날마다 이집 대문에 와서 밥상에서 떨어지는 음식
　　　　 찌꺼기를 먹고 사는 거지 나사로야. 그런데 영원히 행복
　　　　 하게 사는 방법이 뭐라고? 예수를 믿는 거라구 했나?
짱　구 : 내! 맞아요! 예수님을 믿으세요! 예수님은 우리를 위
　　　　 해서 이 땅에 오셨대요. 그분은 그리스도예요. 아저씨도
　　　　 예수님한테 가서 말씀을 들어보세요. 정말 놀라실 거예요.
나사로 : 나같은 거지도 반가와하실까?
짱　구 : 예수님은 병자, 거지, 문둥이들까지도 사랑으로 만져주시
　　　　 고 고쳐주세요. 아저씨, 저하고 같이 그분께 가봐요. 네?
나사로 : 그래 네 말을 믿고 어디 한번 가보기로 하자! (퇴장)

(해설) 그날 나사로는 예수님을 만나 구원을 받았어요. 정말 예
수님의 말씀은 능력이 있었어요. 나사로는 예수님을 믿고 모든
죄를 회개하여 영생을 얻게 된 거예요.

나사로 : 오 하나님! 내가 죽기전에 메시야를 만나게 해주시니 감
　　　　 사합니다. 내가 비록 늙고 병들었으나 나는 죽어도 기쁩
　　　　 니다. 그분이 내 모든 죄를 용서해주셨으니까요.

(해설) 그후 예수님을 믿었던 나사로도 죽고 부자도 병들어 죽
었어요.
어린이 여러분, 나사로는 어딜 들어갔을까요? 네! 천국이죠.
그러면 천국을 한번 구경해보도록 하죠.

제 2 막

나사로 : 어? 여기가 어디지? 정말 아름다운 곳이다. 맞아! 여기가 바로 예수님이 말씀하시던 천국이로구나! 야 신난다! 정말 예수님 믿기를 잘한 것 같아. 헤헤헤! 그런데 참 이상하다! 내가 저 세상에 있을때에는 온몸이 근질근질하고, 가렵고, 아프고, 쓰라리고 그랬었는데, 지금은 하나도 안아프네! 어디보자! 어어! 얼굴을 만져보니까, 상처도 없고 아픈 자리도 하나도 없는데! 어휴! 참 이상하단 말이야! 하하하! 어어! 넌 누구니!

아브라함 : 너라니! 나는 믿음의 조상 아브라함이야!

나 사 로 : 예! 조상님, 안녕하세요? 아휴! 그런데 왜 이렇게 젊어요?

아브라함 : 그래, 그래. 이 천국에는 전부다 새파랗지! 전부 젊지! 할머니도 처녀가 되고, 할아버지도 청년이 된단다!

나 사 로 : 어린이들은 어떻게 되요?

아브라함 : 애들은 애들 그대로 있는거야!

나 사 로 : 어휴 그렇구나! 그런데, 왜 천국에는 병원하고 약방이 없어요.

아브라함 : 하하하! 그게 그렇게 궁금하니?

나 사 로 : 그럼 궁금하지요! 나는 병원에 꼭 가고 싶었거든요! 돈이 없어서 못갔어요!

아브라함 : 병원가는 것이 그렇게 좋으냐?

나 사 로 : 좋지요.

아브라함 : 병원가면 주사맞는거야! 병원가면 쓴약 먹는거야! 그게 뭐가 좋아!

나 사 로 : 아하! 참 그렇지? 병걸린 사람이 없어서, 병원에 갈 일도 없고, 병원에 갈 필요가 없어요. 그뿐이냐, 천당에 무덤이 없단다.

나 사 로 : 네? 왜요?
아브라함 : 죽음이 없기 때문이지.
나 사 로 : 그러면, 이 천국에서는 몇년쯤 살아요?
아브라함 : 천국에서 몇년쯤 사느냐고?
나 사 로 : 500년 살아요? 500년만 살아도 참 좋겠다!
아브라함 : 애개! 아름다운 천국에서 겨우 500년? 하하! 천국에서 500년 밖에 안산다고? 이 천국에서는 영원히! 영원히 사는거야!
나 사 로 : 예! 영원히라뇨? 그럼 한 5만년 사나요?
아브라함 : 애개개! 5만년이라니!
나 사 로 : 그럼 5백만년 사는 거에요?
아브라함 : 애개개!
나 사 로 : 오백억년쯤 사는 거에요?
아브라함 : 애개개!
나 사 로 : 전부, 그럼 천국에서는 얼마나 사는 거에요?
아브라함 : 여기는 죽음이 없기 때문에 끝이 없이 사는거야!
나 사 로 : 끝이 없이 사는거라! 내머리로는 도저히 이해가 안가는데!
아브라함 : 영~ ~ ~ ~ 원히 사는 거야
나 사 로 : 아하! 영원히 죽지도 않고, 아프지도 않고, 끝도 없이 영~ ~ ~ 원히 사는구나!
아브라함 : 이제야, 이해가 가는가보구나! 영~~~ 원히라는 말이
나 사 로 : 예! 아이좋아! 너무너무 좋다! 그런데, 천당에는 무엇들을 먹고 살아요?
아브라함 : 저기를 봐라! 저기를 보면 아름다운 생명나무 과일이 있지않니? 저 생명과일을 먹고 산단다!
나 사 로 : 저거 얼마짜리에요?
아브라함 : 천당에는 돈이 없어!
나 사 로 : 돈이 없는데 어떻게 먹어요?

아브라함 : 천당에는 그냥 따먹으면 돼!
나 사 로 : 누가 뭐라고하지 않아요?
아브라함 : 아버지께 내것이고, 내것이 아버지꺼지! 우리 아버지
　　　　　　가 하나님인데, 무슨 돈을 내고 따먹니?
나 사 로 : 아하! 그렇지 우리는 하나님의 아들 딸이지!
아브라함 : 하하! 그런데 저 생명나무열매는 아주 신기한 나무열
　　　　　　매야!
나 사 로 : 뭐가요?
아브라함 : 저것은 1년에 12가지 과일을 맺는단다.
나 사 로 : 와! 나무는 하나인데요?
아브라함 : 그래 그리고, 아무리 따먹어도 계속 생기지!
나 사 로 : 와! 대단하다!
아브라함 : 그리고, 저것은 아무리 따먹어도 배불러서, 아이구, 배
　　　　　　불러! 하고 거북한 일이 없단다.
나 사 로 : 계속 따먹어도 괜찮아요?
아브라함 : 그리고 저 나무 열매를 아무리 따먹어도, 똥, 오줌을 싸
　　　　　　는 일이 없단다.
나 사 로 : 하하! 천당에는 그래서 화장실이 없구나! 와! 똥,
　　　　　　오줌을 안싸! 신난다. 저기 가서 따먹어야지! 얌냠!
　　　　　　정말 맛있어요.
아브라함 : 그리고, 저기 생명수강이 보이지! 생명강! 저 생명수
　　　　　　강에서 목욕하는 사람 보이지?
나 사 로 : 저기 풀장이예요?
아브라함 : 풀장이 아니고 생명수강인데 아무나 들어가서 목욕해도
　　　　　　괜찮아!
나 사 로 : 아무나 들어가서 목욕해도 돈 안받아요?
아브라함 : 천당에는 돈이 없다고 했잖아!
나 사 로 : 아참! 천당에는 돈이 없지!
아브라함 : 아무나 들어가서 수영을 해도 괜찮고 저 물은 너무 깨

꿋해! 오염된 것 아니지! 천당에는 더러운 것이 하나도 없단다. 저걸 마시면 막 새힘이 솟지!

나 사 로 : 저걸 막 마셔도 괜찮아요? 그리고 막 힘이 솟아요?
아브라함 : 그럼, 힘이 솟지! 그리고 저기 봐라!
나 사 로 : 저기 밝은데 뭐예요? 태양도 아니고, 달빛도 아니에요! 아! 저기 밝은 빛은 어디서부터 빛나는 거예요?
아브라함 : 하나님의 보좌야! 그래서 천국엔 밤이 없단다.
나 사 로 : 밤이 없어요?
아브라함 : 그래
나 사 로 : 그러고 보니까, 여기는 해도 없도, 달도 없는데, 아! 정말 신기하게 너무 밝아요!
아브라함 : 하나님이 계신 곳에는 밤이 없어!
나 사 로 : 하나님이 출장 가시는 일이 없어요?
아브라함 : 하나님이 언제 출장을 가시니? 언제나 천국은 항상 대낮과 같이 밝단다.
나 사 로 : 천당에는 어떻게 된게, 경찰서가 없어요?
아브라함 : 아이구! 답답해! 천당에 경찰서가 뭐하게?
나 사 로 : 강도나 도둑놈들 때려 잡아야지요!
아브라함 : 천당에는 강도나 도둑놈이 없어요. 인신매매업자, 마약밀수범, 그런 나쁜 사람들, 깡패, 그런자들은 천당엔 있을수가 없어요.
나 사 로 : 그러면 천당엔 전부 착한 사람들만 있구나! 천당에는 전투경찰대 없어요? 왜 데모하면, 전투경찰대가 와서 최루탄 쏘잖아요!
아브라함 : 뭐하게 데모를 하니?
나 사 로 : 아이! 데모 안해요?
아브라함 : 하나님이 너무 정치를 잘하셔서 데모를 할 필요가 없단다.
나 사 로 : 아! 천당은 너무너무 좋구나! 아하! 그런데, 어디에서 살아요? 우리 집은 있어야지요?

아브라함 : 아, 내가 얘기를 안했구나! 저기를 봐라! 저기 보석 집이 너의 집이야!

나 사 로 : 저기 보석집!

아브라함 : 그래! 저 보석집에 너의 이름이 써있지!

나 사 로 : 예! 내 이름이 써있네요! "나사로" 저 집이 바로 내가 살집이예요?

아브라함 : 그런데, 어떤집은 개집만하지? 저 개집만한 집은 교회를 다니기는 다녔지만, 한달에 한번 두번 다닌 사람의 집이야! 또 헌금도 전혀 안하고 전도도 안했지. 그래서 우리는 저 세상에 살 때에 하나님께 충성을 해야 돼! 충성을 하지 않는 사람들은, 저 개집만한 곳에서 살게되는 거야!

나 사 로 : 어어! 그런데, 지옥은 어디 있어요?

아브라함 : 아! 지옥! 지옥은 저쪽가면 보이지!

나 사 로 : 나 지옥 가보고 싶다!

아브라함 : 거긴 뭐하러 가봐?

나 사 로 : 가서 구경하고 싶은데!

아브라함 : 그걸 구경해서 뭘하려고 해? 끔찍스러운 곳을!

나 사 로 : 그래도 구경하고 싶어요! 그런데 이상해요. 우리옆에 살던 부자집아저씨가, 나 죽은날 같이 죽은것 같은데 여기서 안보이네! 하도 사람이 많아서 안보이나? (두리번 거린다)

아브라함 : 아니야! 그사람은 지옥에 가있지!

나 사 로 : 나도 한번 가보고 싶어요!

아브라함 : 그래 같이 가자 가서 구경하자!

(해설) 이리하여 나사로와 아브라함은 지옥 구경을 갔어요. 지옥은 어떤 곳일까! 여러분 궁금하지요? 자 우리 지옥에서 고생하시는 부자의 모습을 한번 보도록 합시다.

제 3 막

부   자 : 앗 뜨거 뜨거! 사람살려! 아~ 아 뜨거워! 나좀 살려줘요! 뜨거워서 못살겠어! 아이구! 내가 어떻게 이런 지옥속에 들어오게 됐어! 내가 이 지옥에 들어오게 될줄이야! 나도 몰랐어 어이구! 뜨거워! 나좀 살려줘! 여기는 나갈 자리가 없구나! 나갈 구멍이 없어! 어이구! 뜨거워서 죽겠는데 나갈수가 없어!
이런줄 알았으면 교회 다닐걸! 교회를 다니는건데! 아이구! 아이구! 내팔자야! 내가 미쳤지! 그 귀한 시간을 다 허송세월하고, 교회를 안다니고, 날마다 먹고 마시고, 죄만 짓다가 지옥에 왔으니! 나는 멍청한 놈이야! 나좀 살려줘! 아이구! 목말라! 여기와서 너무 먹지를 못했어! 배가 고파! 목말러! 앗 뜨거워! 어휴 졸려! 그러나 잠을 잘 수가 없어! 여기저식 불덩어리이기 때문에 나는 잠을 잘 수가 없어! 살려줘요! 엉엉 ~ (위를 보더니) 어? 그런데 저기가 어디야? 천당이 아니야? 맛있는 생명나무 과일을 따먹는 저 사람들 좀 봐! 아이구! 나도 저기 가고 싶어! 아이구! 저 생명수강에서 목욕하는 사람들좀봐!
물 한그릇만 나 먹었으면, 아니, 한방울만 먹었으면! 아이구! 엉엉~나도 저런 곳에 갔으면 얼마나 좋을까! 어! 저게 누구야!
아브라함이로구나! 아브라함이여! 그 옆에 있는 사람이 나사로가 아닙니까?

아브라함 : 그렇다.

부   자 : 그 나사로의 손가락끝에 물 한방울만 찍어서, 내 혓바닥을 서늘하게 하소서!

아브라함 : 안된다!

부   자 : 왜요?
아브라함 : 이 천국과 지옥사이에는 눈에는 보이지 않지만, 커다란 구렁이 끼어 있어서, 천국에서 지옥으로 갈 수도 없고, 지옥에서 천국으로 올 수도 없느니라.
부   자 : 올라갈래요! 올라갈래요! 에이 에이 올라갈래요! (뛴다) 아이구 안되는구나!
아브라함 : 안돼! 아무리 뛰어도 올라 올수가 없어!
부   자 : 아이구 목말라! 그런데 우리집 식구들이 전부 교회를 안 다니고, 죄만 짓고 있어요. 우리 형제가 다섯이 있는데, 전부 죄만 짓고 있어요. 저 나사로를 세상에 보내주셔서, 전부 교회로 인도해서 이 지옥에 오지 않게 하소서! 엉엉―
아브라함 : 안된다.!
부   자 : 왜 안돼요?
아브라함 : 저 세상에는 하나님의 말씀을 전하는 목사님, 전도사님 등 수많은 주의 종들이 있다. 그분들의 말을 듣지 않는 자는, 비록 죽은 자가 다시 세상에 다시 태어난다할지라도, 그들의 말을 듣지 않느니라!
부   자 : 아이구! 아이구! 나는 이 지옥 속에서 영원한 고통을 당하게 되었구나! 아이구! 아이구! 목말라! 차라리 죽어버리자! 죽는게 제일좋아!
  이 지옥속에서 영원히 살아봐야, 이 고생을 할바에는 차라리 죽어버려야지! 아이 죽자 (목을 조른다) 으악! 으악 (머리를 부딪친다)
  캑! 캑! 아이구! 안죽는구나! 지옥에서는 아무리 아무리 고생을 해도 죽을수가 없어! 지금이라도 늦지 않았다! 그래 교회를 다니는 거야!
아브라함 : 교회! 교회가 어디있어? 지옥에는 교회가 없어!
부   자 : 엉엉엉― 저 세상에는 교회가 그렇게 많았는데! 지하

실에도 있었고 중국집 2층에도 있었고, 큰 교회도 있었고 작은 교회도 있었고, 우리집 문앞에도 교회가 있었는데 이 동네에는 교회가 없어! 엉엉—

그래 성경책을 찾아서 읽고 천국에 가는거야! 성경책, 성경책! 어디갔어! 아이구! 성경책이 하나도 없구나! 저 세상에는 책방에도 성경책 그저 쓰레기통 속에도 성경책! 교회에도 성경책! 성경책이 그렇게 많았는데!

그렇다! 목사님을 찾는거야! 목사님께 안수기도받고, 축복기도를 받아야해! 목사님! 목사님! 목사님! 아이구! 지옥에는 목사님도 없구나!

아이구! 아! 그렇다! 기도를 하는거야! 예수님께 기도를 해서, 예수님의 능력으로 구원을 받아야지! 어, 그래! 뜨겁지만 무릎을 꿇고, 예수님. 믿습니다! 믿습니다! 나를 구원해 주옵소서! 예수님 믿습니다! 나를 구원해 주옵소서! 예수님! 믿습니다. 나를 구원해 주옵소서! 앗! 예수님의 음성!

예 수 님: 부자야! (목소리만 들린다)
부　　자: 예! 예!
예 수 님: 이미 때가 늦었느니라.
부　　자: 으악! 이미 때가 늦었는데, 이럴줄 알았으며 교회를 다닐걸! 이럴줄 알았떠라면, 예수님을 믿을걸! 죄짓지 말걸! 나쁜짓 하지말걸! 술집에 가지말걸! 싸움질하지 말걸! 거짓말하지 말걸!
나는 영원히 지옥에서 고생을 하게 되었구나! 이럴줄 알았으면 예수님 믿을걸!

(해설) 이와같이 지옥에서는 아무리 후회를 해도 소용이 없어요. 사랑하는 여러분! 우리는 이세상에 살아 있을 때에 예수님

을 믿어야겠어요. 교회를 잘 다녀야겠어요. 성경말씀을 열심히 배워야겠어요. 죄를 짓지 말아야 겠어요.

 이 세상에 있을때, 주님을 기쁘게 해야겠어요. 그래서 여러분들! 이 무서운 지옥에 가지 않고 영원한 하늘나라에 가시기를 바랍니다. 여러분! 약속하실 수 있지요? 다 천국에 가실 수 있지요? 모두 다 천국에 가시기를 축원합니다.

교사들에게 인형극을 강의하는 필자

제 2 막

나사로: 아, 아니! 여기가 어디야! 여기가 바로 말로만 듣던 천국인가! 어휴! 이 나사로가 이 천국에 들어올줄 정말 몰랐다. 야! 정말 예수님 믿기를 잘한 것 같애! 해해해!
그런데 참 이상하다! 내가 저 세상에 있을때에는 온몸이 근질근질하고, 가렵고, 아프고, 쓰라리고 그랬었는데, 지금은 하나도 안아프네! 어디보자! 어어! 얼굴을 만져보니까, 상처도 없고 아픈 자리가 하나도 없는데! 어휴! 참 이상하단

말이야! 하하하! 어어! 넌 누구니?
아브라함: 너라니! 나는 믿음의 조상 아브라함이야!
나사로: 예! 조상님, 안녕하세요? 아휴! 그런데 왜 이렇게 젊어요!
아브라함: 하하! 천당에는 늙은이가 없단다.
나사로: 어휴! 그래서, 이렇게 새파랗게 젊구나!
아브라함: 그래, 그래. 이 천국에는 전부다 새파랗지! 전부 젊지! 할머니도 처녀가 되고, 할아버지도 청년이 된단다!
나사로: 어린이들은 어떻게되요?
아브라함: 애들은 애들 그대로 있는거야!
나사로: 어휴 그렇구나! 그런데, 병원하고 약방이 없어요.
아브라함: 하하하! 그게 그렇게 궁금하니?
나사로: 그럼 궁금하지요! 나는 병원에 꼭 가고 싶었거든요! 돈이 없어서 못갔어요!
아브라함: 병원가는 것이 그렇게 좋으냐?
나사로: 좋지요.
아브라함: 병원가면 주사맞는거야! 병원가면 쓴약 먹는거야! 그게 뭐가 좋아!
나사로: 아하! 참 그렇지? 병걸린 사람이 병원에 가지!
아브라함: 그래, 천국에는 병걸린 사람이 없어서, 병원에 갈 일도 없고, 병원에 갈 필요가 없어요. 그뿐이냐, 천당엔 무덤이 없단다.
나사로: 그러면, 죽으면 전부 화장해요?
아브라함: 화장! 천국에는 화장터도 없단다.
나사로: 그러면, 죽으면 어떻게해요? 갖다버려요?
아브라함: 하하하! 천국에는 죽음이 없단다.
나사로: 그러면, 몇년쯤 살아요?
아브라함: 천국에서 몇년쯤 사느냐고?
나사로: 500년 살아요? 500년만 살아도 참 좋겠다!

아브라함: 애개! 아름다운 천국에서 겨우 500년? 하하! 천국에서 500년 밖에 안산다고? 이 천국에서는 영원히! 영원히 사는 거야!

나사로: 예! 영원히라뇨? 그럼 한 5만년 사는것이 영원히라는 거예요?

아브라함: 애개개! 5만년이라니!

나사로: 그럼 5백만년 사는거예요. 영원히가!

아브라함: 애개개!

나사로: 그럼, 5억년쯤 사는 거예요?

아브라함: 애개개!

나사로: 오백억년쯤 사는 거예요?

아브라함: 애개개!

나사로: 그럼, 오천억년쯤 사는 거예요?

아브라함: 애개게!

나사로: 전부, 그럼 천국에서는 얼마나 사는거예요?

아브라함: 여기는 죽음이 없기때문에 끝이 없이 사는거야!

나사로: 끝이 없이 사는거라! 내머리로는 도저히 이해가 안가는데!

아브라함: 영~~~~원히 사는 거야

나사로: 아하! 영원히 죽지도 않고, 아프지도 않고, 끝도 없이 영원히 사는구나!

아브라함: 이제야, 이해가 가는가보구나!

나사로: 예! 아이좋아! 너무너무 좋다! 그런데, 천당에는 무엇들을 먹고 살아요?

아브라함: 저기를 봐라! 저기를 보면 아름다운 생명나무 과일이 있지 않니? 저 생명과일을 먹고 산단다!

나사로: 저거 얼마짜리예요?

아브라함: 천당에는 돈이 없어!

나사로: 돈이 없는데 어떻게 먹어요?

아브라함: 천당에는 그냥 따먹으면 돼!

나사로: 누가 뭐라고하지 않아요?
아브라함: 아버지께 내것이고, 내것이 아버지꺼지! 우리 아버지가 하나님인데, 무슨 돈을 내고 떠먹니?
나사로: 아하! 그렇지 우리는 하나님의 아들 딸이지!
아브라함: 하하! 그런데 저 생명나무열매는 아주 신기한 나무열매야!

나사로: 뭐가요?
아브라함: 저것은 1년에 12가지 과일을 맺는단다.
나사로: 와! 나무는 하나인데요?
아브라함: 그래 그리고, 아무리 따먹어도 계속 생기지!
나사로: 와! 대단하다!
아브라함: 그리고, 저것은 아무리 따먹어도 배불러서, 아이구, 배불러! 하고 거북한 일이 없단다.
나사로: 계속 따먹어도 괜찮아요?
아브라함: 그리고 저 나무 열매를 아무리 따먹어도, 똥, 오줌을 싸는 일이 없단다.
나사로: 하하! 천당에는 그래서 화장실이 없구나! 와! 똥, 오줌을 안싸! 신난다. 저기 가서 따먹어야지! 얌냠! 정말 맛있어요.
아브라함: 그리고, 저기 생명수강이 보이지! 생명강! 저 생명수강에서 목욕하는 사람 보이지?
나사로: 저기 풀장이예요?
아브라함: 풀장이 아니고 생명수강인데 아무나 들어가서 목욕해도 괜찮아!
나사로: 아무나 들어가서 목욕해도 돈 안받아요?
아브라함: 천당에는 돈이 없다고 했잖아!
나사로: 아참! 천당에는 돈이 없지!
아브라함: 아무나 들어가서 수영을 해도 괜찮고 저 물은 너무 깨끗해! 오염된 것 아니지! 천당에는 더러운 것이 하나도 없단다.

나사로: 저걸 막 마셔도 괜찮아요? 그리고 막 힘이 솟아요?
아브라함: 그럼, 힘이 솟지! 그리고 저기 봐라!
나사로: 저기 밝은게 뭐예요? 태양도 아니고, 달빛도 아니예요! 아! 저기 밝은 빛은 어디서부터 빛나는 거예요?
아브라함: 하나님의 보좌야! 그래서 천국에 밤이 없단다.
나사로: 밤이 없어!
아브라함: 그래
나사로: 그러고 보니까, 해도없고, 달도 없는데, 어! 너무 밝아요!
아브라함: 하나님이 계신곳에는 밤이없어!
나사로: 하나님이 출장 가시는 일이 없어요?
아브라함: 하나님이 언제 출장을 가시니? 언제나 천국을 항상 대낮과 같이 밝단다.
나사로: 천당에는 어떻게된게, 경찰서가 없어요?
아브라함: 아이구! 답답해! 천당에 경찰서가 뭐하게?
나사로: 강도나 도둑놈들 때려 잡아야지요!
아브라함: 천당에는 강도나 도둑놈이 없어요. 인신매매업자, 마약 밀수범, 그런 나쁜 사람들, 깡패, 그런자들은 천당엔 있을수가 없어요.
나사로: 그러면 천당엔 전부 착한 사람들만 있구나! 천당에는 전투경찰대 없어요? 왜 데모하면, 전투경찰대가 와서 최루탄 쏘잖아요!
아브라함: 뭐하게 데모를 하니?
나사로: 아이! 데모 안해요?
아브라함: 하나님이 너무 정치를 잘하셔서 데모를 할필요가 없단다.
나사로: 아! 천당은 너무너무 좋구나! 아하! 그녀데, 어디에서 살아요? 우리 집은 있어야지요?
아브라함: 아, 내가 얘기를 안했구나! 저기를 봐라! 저기 보석집이 너의 집이야!
나사로: 저기 보석집!

아브라함: 그래! 저 보석집에 너의 이름이 써있지!
나사로: 예! 내 이름이 써있네요! "나사로" 저 집이 바로 내가 살집이요!
아브라함: 그런데, 어떤집은 개집만하네! 저 개집만한 집은 교회를 다니기는 다녔지만, 한달에 한번 두번 다닌 사람의 집이야! 그래서 우리는 저 세상에 살 때에 하나님께 충성을 해야돼! 충성을 하지 않는 사람들은, 저 개집만한 곳에서 살게되는거야!
나사로: 어어! 그런데, 지옥은 어디 있어요?
아브라함: 아! 지옥! 지옥은 저쪽가면 보이지!
나사로: 나 지옥 가보고 싶다!
아브라함: 뭐하러 갈려고!
나사로: 가서 구경하고 싶은데!
아브라함: 그걸 구경해서 뭘하려고 해? 끔찍스러운 곳을!
나사로: 그래도 가서 구경하고 싶어요! 어이! 이상하다! 우리옆에 살던 부자집아저씨가, 나 죽은날 같이 죽은것 같은데 여기서 안보이네! 하도 사람이 많아서 안보이나! (두리번 거린다)
아브라함: 아니야! 저기 지옥에 가있지!
나사로: 어휴! 나도 한번 가보고 싶어요!
아브라함: 그래 같이 가자 가서 구경하자!

(해설) 이리하여 나사로와 아브라함은 지옥 구경을 갔어요. 지옥은 어떤 곳일까! 여러분 궁금하지요? 자 우리 지옥에서 고생하시는 부자의 모습을 한번 보도록 합시다.

제 3 막

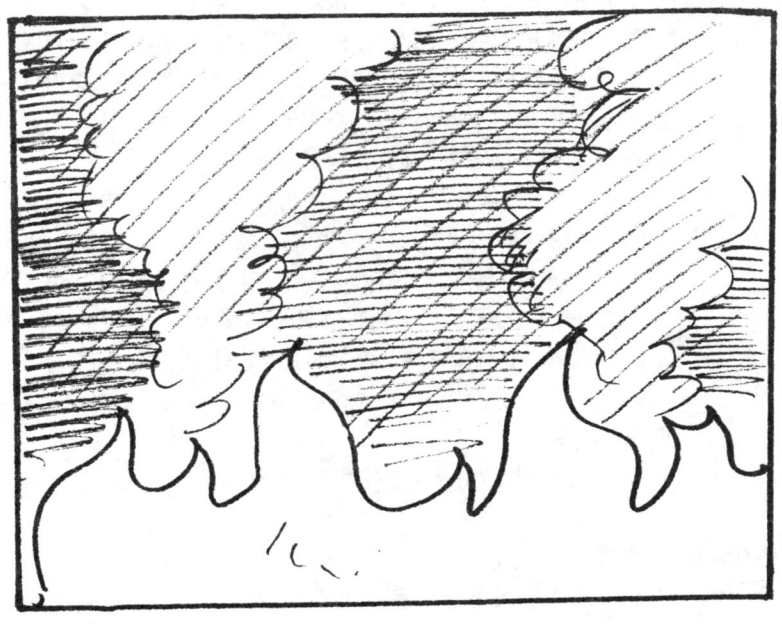

부 자: 앗 뜨거 뜨거! 사람달려! 아~ 아 뜨거워! 나좀 살려줘요! 뜨거워서 못살겠어! 아이구! 내가 어떻게 이런 지옥속에 들어오게 됐어! 내가 이 지옥에 들어오게 될줄이야! 나도 몰랐어 아이구! 뜨거워! 나좀 살려줘! 여기는 나갈 자리가 없구나! 나갈 구멍이 없어! 아이구! 뜨거워서 죽겠는데 나갈수가 없어!
 이런줄 알았으면 교회 다닐걸! 교회를 다니는건데! 아이구! 아이구! 내팔자야! 내가 미쳤지! 그귀한 시간을 다

허송세월하고, 교회를 안다니고, 날마다 먹고 마시고, 죄만 짓다가 지옥에 왔으니! 나는 멍청한 놈이야!
나좀 살려줘! 아이구! 목말라! 여기와서 너무 먹지를 못했어! 배가 고파! 목말러! 앗 뜨거워! 어휴 졸려! 그러나 잠을 잘수가 없어! 여기저기 불덩어리이기 때문에 나는 잠을 잘 수가 없어! 잠을 못자! 엉엉엉엉—
살려줘요! 살려줘요! 엉엉엉~ (위를 보더니) 어? 그런데 저기가 어디야? 천당이 아니야? 맛있는 생명나무 과일을 따먹는 저 사람들 좀봐! 아이구! 나도 저기 가고 싶어! 아이구! 저 생명수강에서 목욕하는 사람들좀봐!
물 한그릇만 나 먹었으면, 아니, 한방울만 먹었으면! 아이구! 엉엉~ 나도 저런곳에 갔으면 얼마나 좋을까! 어! 저게 누구야!
아브람이로구나! 아브라함이여! 그 옆에 있는 사람이 나사로가 아닙니까?

아브라함: 그렇다.

부 자: 그 나사로의 손가락끝에 물 한방울만 찍어서, 내 혓바닥을 서늘하게 하소서!

아브라함: 안된다!

부 자: 왜요?

아브라함: 이 천국과 지옥사이에는 눈에는 보이지 않지만, 커다란 구렁이 끼어 있어서, 천국에서 지옥으로 갈 수도 없고, 지옥에서

천국으로 올 수도 없느니라.

부　자: 올라갈래요! 올라갈래요! 에이 에이 올라갈래요! (뛴다) 아이구 안되는구나!

아브라함: 안돼! 아무리 뛰어도 올라 올수가 없어!

부　자: 아이구 목말라! 그런데 우리집 식구들이 전부 교회를 안 다니고, 죄만 짓고 있어요. 우리 형제가 다섯이 있는데, 전부 죄만짓고 있어요. 저 나사로를 세상에 보내주셔서, 전부 교회로 인도해서 이 지옥에 오지 않게 하소서! 엉엉―

아브라함: 안된다!

부　자: 왜 안돼요?

아브라함: 저 세상에는 하나님의 말씀을 전하는 목사님, 전도사님등 수많은 주의 종들이 있다. 그분들의 말을 듣지 않는 자는, 비록 죽은자가 다시 세상에 다시 태어난다할지라도, 그들의 말을 듣지 않느니라!

부　자: 아이구! 아이구! 나는 이 지옥 속에서 영원한 고통을 당하게 되었구나! 아이구! 아이구! 목말라! 차라리 죽어버리자! 죽는게 제일좋아!
이 지옥 속에서 영원히 살아봐야, 이 고생을 할바에는 차라리 죽어버려야지! 아이 죽자 (목을 조른다) 으악! 으악! (머리를 부딪친다)
캑! 캑! 아이구! 안죽는구나! 지옥에서는 아무리 아무리 고생을 해도 죽을수가 없어! 아! 아! 죽어라! 아이구! 아이구! 죽을수가 없어! 지금이라도 늦지 않았다! 그래 교회를 다니는 거야!

아브라함: 교회! 교회가 어디있어! 지옥에는 교회가 없어!

부　자: 엉엉엉― 저 세상에는 교회가 그렇게 많았는데! 지하실에도 있었고, 중국집 2층에도 있었고, 큰 교회도 있었고 작은 교회도 있었고, 우리집 문앞에도 교회가 있었는데 이동네에는 교회가 없어! 어! 어!

그래 성경책을 찾아서 읽고 천국에 가는거야! 성경책, 성경책! 어디갔어! 아이구! 성경책이 하나도 없구나! 저 세상에는 책방에도 성경책 그저 쓰레기통 속에도 성경책! 책방에도 성경책! 성경책이 그렇게 많았는데!

그렇다! 목사님을 찾는거야! 목사님께 안수기도받고, 축복기도를 받아야해! 목사님! 목사님! 목사님! 아이구! 지옥에는 목사님도 없구나!

아이구! 아! 그렇다! 기도를 하는거야! 예수님께 기도를 해서, 예수님의 능력으로 구원을 받아야지! 어, 그래! 뜨겁지만 무릎을 꿇고, 예수님. 믿습니다! 믿습니다! 나를 구원해 주옵소서! 예수님 믿습니다! 나를 구원해 주옵소서! 예수님! 믿습니다. 나를 구원해주옵소서! 앗! 예수님의 음성!

예수님: 부자야! (목소리만 들린다)
부 자: 예! 예!
예수님: 이미 때가 늦었느니라.
부 자: 으악! 이미 때가 늦었는데, 이럴줄 알았으면 교회를 다닐걸! 이러줄 알았더라면, 예수님을 믿을걸! 죄짓지 말걸! 나쁜짓 하지말걸! 술집에 가지말걸! 싸움질하지 말걸! 거짓말하지말걸!

나는 영원히 지옥에서 고생을 하게 되었구나! 이럴줄 알았으면 예수님 믿을걸!

(해설) 이와같이 지옥에서는 아무리 후회를 해도 소용이 없어요. 사랑하는 여러분! 우리는 이세상에 살아 있을 때에 예수님을 믿어야겠어요. 교회를 잘 다녀야겠어요. 성경말씀을 열심히 배워야겠어요. 죄를 짓지 말아야겠어요.

이 세상에 있을때, 주님을 기쁘게 해야겠어요. 그래서 여러분들! 이 무서운 지옥에 가지않고 영원한 하늘나라에 가시기를 바랍니다. 여러분! 약속하실 수 있지요? 다 천국에 가실수 있지요? 모두다 천국에 가시기를 축원합니다.

대만 최대의 신학교 대만신학원에서 강의후에 학생들과 함께

은혜가 자신있게 권하는 도서안내

새로운 손유희
손유희는 목소리를 구연하면서(성대묘사) 하고, 얼굴 표정도 내용에 따라 변화시키며, 손의 모양으로 대담하고 강렬하게 표현하고, 늘 기쁜 마음으로 해야한다는 원칙으로 엮었음.
● 김홍영, 백은정 공저

샬롬 손유희
주일학교 어린이들의 시선집중과 교육에 필수적인 손유희들로만 엮었음.
● 서광덕 지음

청소년을 위한 율동 모음집
너무나 치밀히 밀고 들어오는 사단 세력에서 나약해지는 학생들에게 찬양. 율동 보급을 시급히 느껴 청소년에게 맞는 율동으로 엮었음.
● 최은실 지음

수화로 찬양을
수화로도 하나님께 찬양을 돌리고 싶은 그리스도인들에게 꼭 필요한 책
● 정상문 지음

손 인형극
인형극 공연, 인형을 통한 설교나 광고, 그 외에 여러 가지로 활용할 수 있습니다. 이 책을 접하셨다면 바로 시작하십시오.
● 서성복 지음

인형극 교본
MBC 기인열전에서 인형의 진술을 보여주신 저자가 집필하여 특수인형 제작, 인형극 극본을 한 권에 모두 실었음
● 김철년(왕년) 지음

주일학교 인형극본
어린이 시청각 모노 인형극
이 책은 인형극의 부족함을 느끼거나, 일선에서 수고하시는 교사들에게 도움이 될 수 있는 실제적인 인형극본이다.
● 김명호 지음

얘들아, 연극 보여줄게
이책은 연극, 인형극, 무언극, 방송극, 노래극, 즉흥극, OHP극 등 다양한 갈래의 연극들은 물론 유치부, 아동부, 학생부까지 폭넓은 관객을 붙을게끔 엮었음.
● 김수진 지음

가 자신있게 권하는 도서안내

통통튀는 레크리에이션
이책은 많은 사람과 함께하는 집단 놀이를 바탕으로 사회자가 진행할 수 있도록 도입놀이부터 커플놀이까지 순서에 맞게 정리하여 엮었음.
● 박주성 지음

대백과 레크리에이션
레크리에이션의 모든 것들을 실어 실내와 실외에서 사용할 수 있는 게임 총 집합
● 박주성 엮음

교회 레크리에이션
레크리에이션 지도자론, 교회 레크리에이션 기초이론, 1년 특별 프로그램 아이디어, 성서 인용 게임놀이(팀웍게임) 등으로 엮었음
● 홍사성 지음

레크리에이션 퀴즈사전
사람관계편, 동물편, 글자 단어편, 물건편, 자연편, 음식편, 노래편, 기타 엮었음
● 홍사성 지음

재미있고 신나는 레크리에이션
주위집중 게임, 박수게임, 벌칙게임, 실내게임, 실외게임, 성냥개비 게임, 넌센스 게임 등으로 엮었음
● 주석봉 편저

성경 신약, 구약 문제집
문답과 퀴즈를 위한문제와 답을 실었음.
● 최은정 지음

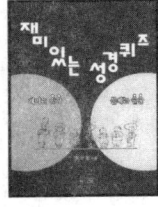
재미있는 성경퀴즈
문제를 풀어가면서 재미는 솔솔, 문제는 술술
● 최은정 지음

퍼즐 박사
이책속에는 뒷말이어가기 퍼즐, 가로세로 퍼즐, 직선 퍼즐, 찾기 퍼즐, 지혜 퍼즐, 아홉고개 퀴즈들이 실려 있음.
● 이종태 지음

교회교육선교회는 주일학교 교육을 도와드립니다

날로 힘겨워만 가는 주일학교 교육, 이제 과거처럼 평범한 방법으로는 열매를 기대할 수 없습니다. 능력의 한계에 부딪쳤을 때 여러분은 망서리지 말고 저희에게 도움을 요청하십시오. 이제 저희 김홍영 목사와 교회교육선교회는 새로운 방법으로 주일학교 부흥의 돌파구를 열어드릴 것이며 여러분의 동반자가 되어드릴 것입니다.

1. **교사훈련 및 교사부흥회를 해드립니다** — 교사훈련은 주일학교 부흥의 원동력입니다. 훈련된 교사만이 생동력있는 주일학교를 만듭니다. 특히 어린이전도훈련을 단 하루만 받으셔도 주일학교는 달라질 것입니다.

2. **어린이 부흥회, 청소년 부흥회를 인도해 드립니다** — 어린이와 청소년의 영성화는 주일학교 부흥의 핵심입니다. 왜 어른 부흥회는 매년 열면서 어린이 부흥회는 열지 않습니까?

3. **전도 인형극을 출장 공연해 드립니다** — 인형극이 어린이전도에 효과있는 것은 두말할 나위가 없으나 인형극이라고 다같은 것은 아닙니다. 교회교육선교회의 인형극은 여러분들을 "인형극이 이런 것이로구나!" 하고 감탄하게 할 것입니다.

4. **각종 헌신예배를 인도해 드립니다** — 어린이 헌신예배, 중고등부 헌신예배, 교사헌신 예배는 전문강사를 초청해야 은혜가 되고 교육에 대한 관심을 일깨울 수 있습니다. 평생을 교회교육과 함께 살아 온 김홍영 목사님의 말씀을 들어 봅시다.

5. **어린이, 청소년 연합수련회를 엽니다** — 매년 여름방학, 겨울방학에는 수차에 걸쳐 어린이 연합 수련회와 청소년 연합수련회를 엽니다. 국내 최고의 전문 강사들로 구성된 연합집회에서 수많은 어린이들이 거듭나는 기적을 볼 수 있습니다.

6. **플라스틱 특수인형을 개별, 판매합니다**
— 저희 선교회가 개발한 플라스틱 특수인형은 지금 전국 교회에서 사용되고 있습니다. 누구나 노력만 하면 인형극 전문가가 될 수 있습니다.

7. **전도풍선(일명 요술풍선)을 판매합니다** — 지방에서 구하기 어렵고 비싼 전도(요술) 풍선을 도매가격으로 판매하며 농어촌 벽지라도 우송 가능합니다. 전도풍선 책자를 원하시면 은혜출판사에서 나온 "전도풍선 만들기" 책자를 참고하시면 효과적입니다.

8. **각종 교육자료, 비디오를 제작하여 보급하고 있습니다** — 인형극, 풍선아트 등 전문분야를 연구하시려면 저희 선교회에 문의해 주세요. 직접 오지 않더라도 집에서 비디오로 공부하여 전문가가 될 수 있습니다.

9. **노회, 지방회의 교사강습회를 인도해 드립니다** — 여름학교 교사강습이나 그 외의 교사강습에 꼭 필요한 전문강사를 파송합니다. 이제 케케묵은 이론에 매달리지 맙시다. 완전 실기강습의 전문강사가 갈 것입니다.

10. **유치원, 선교원에서 풍선쇼와 인형극을 공연합니다** — 유치원, 선교원 개원식, 졸업식, 어린이날 행사 등에 인형극을 초청하시면 놀라운 매직풍선쇼와 인형극으로 어린이들을 열광시킬 것입니다.

주일학교 교육을 위한

전도풍선 및 특수인형 판매

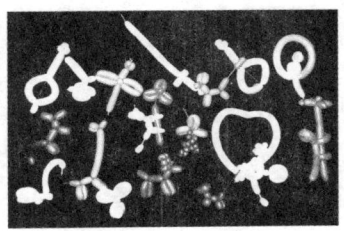

전도풍선(요술풍선)

① 요술풍선 300개 + 펌프 + 전도풍선 만들기 책자 = 27,000원
② 전도풍선 만들기 비디오테이프 = 10,000원
③ 요술풍선 150개 = 10,000원
④ 풍선 펌프 = 5,000원

(위의 가격은 1998년 기준가격이므로 변동 가능)

플라스틱 특수인형

① 인형(완제품) 11개 = 110,000원
  (1) 예수님, (2) 마귀, (3) 엄마, (4) 아빠
  (5) 두통이, (6) 짱구, (7) 영이, (8) 순이
  (9) 거지, (10) 욕심쟁이, (11) 개구리왕눈이
② 인형 10개 제작재료 = 65,000원
③ 플라스틱 인형제작 비디오 = 10,000원
  인형극 비디오 1개 10,000-테이프 1개에 인형극 3편이 들어있음. 현재 테이프 2개 있음
⑤ 인형극무대 = 190,000원

신청방법

전화로 주문하신 후 아래 계좌로 대금을 넣으시면 물품을 우송해드립니다.(우송료 약 3,000원 부담)

온라인번호 : 국민 063-21-0161-715 / 우체국 013128-0004664 / 농협 027-01-409054
  (예금주/김흥영)

어린이 전도와 교회교육의 길잡이
교회교육선교회

서울시 성북구 성북2동 213-17(T. 765-8229, F. 766-5115)

교회인형극 백과

재발행 — 1999 3 20 2쇄 — 2000년 2월 10일
지은이 — 김흥영
펴낸이 — 장사경
펴낸곳 — 은혜출판사
제작처 — 은혜기획
출판등록 — 제 1-618호(1988. 1. 7)
주 소 — 서울 종로구 숭인1동 179 · 53
전화 — 744 - 4029, 762 - 1485
FAX — 744 - 6578, 080 - 023 - 6578

ⓒ 1994 Grace Publisher, Printed in Korea
　ISBN 89 - 7917 - 184 - 6 03230

▶은혜기획
　기획에서 편집(모든 도서)까지 저렴한 가격으로 출판대행
　모든 인쇄(포스터, 팜플렛, 광고문) 등을 저렴한 가격으로 제작대행
　(T) 744 - 4029, (F) 744 - 6578

※잘못된 책은 바꾸어 드립니다.